명쾌한 논어,
21세기에 답하다

論語一百句

作者: 傅杰

명쾌한 논어,
21세기에 답하다

2012년 3월 10일 초판 2쇄 인쇄
2012년 3월 15일 초판 2쇄 발행

해설 푸지에((傅杰)
옮긴이 이성희
편집주간 이화승
교정 홍미경, 이혜림, 이준표
제작 서동욱, 이경진
영업기획 김관호, 이장호
영업관리 윤국진
편집 김혜영
디자인 이창욱
발행인 이원도
발행처 베이직북스
E-mail basicbooks@hanmail.net
주소 서울 마포구 동교동 165-8 LG팰리스 1508호
등록번호 제313-2007-241호
전화 02)2678-0455
팩스 02) 2678-0454
ISBN 978-89-93279-82-5 03150
값 13,000원

명쾌한 논어,
21세기에 답하다

푸지에 해설 | 이성희 옮김

베이직북스

프롤로그

무릇 경전이란 장중하며 위대한 작품임에 틀림없다. 그러나 평범한 생활 속에서 깊은 인상을 남길 수 있는 책이란 문학연구자들이 백발이 되도록 뜻도 밝혀내지 못한 원전이 아니라, 《당시300수唐詩三百首》나 《고문관지古文觀止》처럼 복잡한 내용은 적당히 삭제하고 해설을 첨가한 발췌본일 것이다. 발췌본은 일상생활에 쫓기는 현대인들의 시간을 크게 절약해 줄 수 있다. 출퇴근 시간이나 식사 후 쉬는 시간에도 짬짬이 우리를 깊고 심오한 독서의 세계로 인도해주기 때문이다. 발췌자가 사금싸라기 걸러내듯 정수 중의 정수만을 모아 현대에 필요한 내용을 간추리면 경전은 다시 한 번 농축 정련된다.

많은 현대인은 종종 일상생활에서 탈출할 기회를 찾지 못해 답답해한다. 이런 우리에게 정선된 '100구절' '300구절' 등 발췌 소책자는 영혼의 패스트푸드가 되어줄 수 있다. 물론 사람들은 패스트푸드라는 말을 그리 달갑게 여기지 않을 것이다. 하지만, 상다리가 부러지게 차린 산해진미를 음미할 만한 여유가 없다면 패스트푸드도 체력과 정신을 보충해 줄 수 있는 좋은 대용식이 될 수 있다.

최근, 툭하면 경전의 명언으로 이야기를 꺼내는 것이 중국사회의 일대 유행이 되었으며, 전통의 힘을 빌려 전국적인 스타로 떠오른 사람도 여럿이 있다. 그러나 나는 이런 현상들에 대해 시종일관 어떤 주관을 가지고 있는데, 이 자리를 빌려 한 번 이야기해 보려 한다.

첫 번째 생각은, 절대 경전이라는 이 두 글자를 너무 편협하게 이해하지 말라는 것이다. 어떤 이는 경전이란 말만 들어도 머릿속에 유가의 사서와 오경을 저절로 떠올린다. 중국의 전통을 유가儒家와 동일시하고, 경전을 유교의 경전으로 오해한 까닭이다.

한편, 어떤 사람은 노자나 장자는 경전에 포함해도 된다고 생각한다. 그러나 전자보다는 조금 여유가 있는 듯하지만, 여전히 편협한 범주를 벗어나지 못하고 있다. 경전의 레퍼토리만 조금 바꾸어 도가道家에도 경전의 자격을 부여했을 뿐, 아무리 넓게 생각한다 해도 사상가들이 주장하는 유선儒仙사상이 결합한 고대 사상계라는 단순명제밖에는 만족하게 해 줄 수 없다.

나는 불교, 도교 및 시詩, 사詞, 가歌, 부賦[중국 고대 문체로 한위육조漢魏六朝 시대에 성행되었고, 운문과 산문의 혼합형식], 희곡 중 수천 년의 연단과 검증을 거쳐 대중에게 그 진가를 인정받은 작품이 있다면, 그 글에 '경전'이란 이름을 부여해도 전혀 상관없다고 생각한다. 사실 툭 터놓고 이야기하자면, 《시경詩經》 중 지난 2천여 년 동안 경전으로 받들어졌던 이 '풍風((시경)) 중 민요부분을 이르는 말)' 역시 창작 당시에는 백성의 민요요 유행가였을 뿐이다. 반면, 당나라 시대의 시, 송나라 시대의 사, 원나라 시대의 잡극雜劇과 산곡散曲도 사람들의 입에 오르내린 지 천여 년이 되었는데, 이들은 '경전'이라고 부르기에는 뭔가 부족하다고 할 수 있을까?

나의 두 번째 생각은 경전의 연구가 물론 문화의 기억을 더듬는 것이요, 역사전통을 계승하는 것이긴 하지만 전통의 핵심적인 의의는 여전히 '전傳함'에 있다는 것이다. '전함'이란 자신의 자원을 발굴해 새로운 해석을 더하고 현재 우리의 문명으로 재건해내는 행위를 말한다. 이미 작고한 미국의 역사가 벤저민 슈워츠Benjamin I. Schwartz 교수 역시 이런 아쉬움을 내비쳤다.

"세계에 현존하는 고대 문명국들은 모두 자신의 전통을 고수하는 민족주의를 주장하고 있지만, 유구한 역사를 가진 중국에서만 유독 자신의 전통을 반대하는 민족주의가 유행하고 있다. 5·4운동 이래 지금까지 이 반대의 움직임을 멈춘 적이 없다."

사실 이 점은 아주 쉽게 이해할 수 있다. 중국은 유구한 전통을 가지고 아시아의 중앙을 제패한 제국이었기에, 서방세계와의 격렬한 충격 속에서 자신의 자부심과 긍지가 전복되자 중심을 잃어버리면서 옛것을 버리고 새것을 받아들이려는 강렬한 충동이 일어난 것이다. 마치 그림자와 달리기하는 사람이 그림자를 벗어나려고 사력을 다해 달리는 것과 같은 이치다. 이때 사람은 긴장과 초조함에 어쩔 줄 몰라 한다. 긴장은 여유와 대범함을 잃어버리게 하며 초조함은 교양과 질서를 생각할 여유를 잃게 한다. 옛것을 버리고 새것을 받아들이려는 사람에게 문화, 역사와 경전은 모두 최첨단 패션의류로 전락해버렸다. 자신감이 부족한 사람은 옷장의 옷을 죄다 입어 봐도 어울리는 옷이라곤 한 벌도 없는 듯 여겨 결국 전부 벗어버리게 된다. 이런 이에게는 쉼과 여유가 있을 수 없다.

어떤 학설에 의하면, 문명은 군집사회에서 사람들이 어떤 질서에 따라 행동하는 것이라고 한다. 이 문명 속에서 자유라는 것 역시 내가 있다면 다른 사람이 있고 권리가 있다면 의무가 존재함을 뜻한다. 질서는 일종의 한계가 되기 때문이다. 그래서 리듬에 맞춰 춤을 추듯 발전규칙을 지켜야지, 질서를 무시한 행위, 근시안적인 행위는 모두 비문명적인 것이요, 품격을 상실한 것이 된다. 무엇이 품격일까? 어떻게 하면 품격을 갖출 수 있을까? 그 한 가지 해답이 바로 경전을 많이 읽고 전통을 많이 접촉하는 것이다. 마음속에 몇 천 년의 저력을 간직하고 뱃속에 유익한 책들을 소화하고 있다면 우리는 훨씬 더 자신감을 느끼게 되고, 이 자신감은 여유를 가져다줄 것이다.

전통은 살아있는 것이지 죽은 것이 아니다. 제로슬라브 펠리컨Jaroslav Peliken의 《전통의 옹호The Vindication of Tradition》에서는 "전통은 죽은 자의 살아있는 신념이지만, 전통주의는 살아있는 자의 죽은 신념이다."라고 말하고 있다. 폐부를 찌르는 말이다. 우리는 전통을 떠나서는 절대 새로운 길을 개척할 수 없기에 역사를 무

無로 돌리려는 환상은 전혀 현실적이지 않다. 그러나 과거를 돌이켜보면, 이 신념을 고집스레 지키려는 생각도 자연히 사라지게 된다. 나는 현재의 언어 환경 속에서 새롭게 경전을 읽는 것이 어쩌면 전통을 창조적으로 해석하는 새로운 방법이 될 것이라고 여기고 있다.

해석이라는 이 두 글자가 상당히 무겁게 여겨지는 것은 사실이다. 해석이란 본문의 옛 뜻을 벗어나지 않는 한도 안에서 경전의 새로운 가치를 밝혀낸다는 것이며, 옛것과 새것이 함께 공존하는 가운데서 경전을 전수하고 전통을 계승한다는 것을 의미한다. 그러므로 경전을 어떻게 새롭게 해석하느냐? 어떻게 현실생활과 공감대를 형성하느냐?라는 크나큰 문제가 된다. 이 책을 함께 저술한 작가 여럿은 나보다 연하인 학계의 동료들이지만 진정한 전문가라고 할 수 있다. 그들이 설령 오늘날의 해석자들처럼 상당한 지식을 가지고 경전이라는 최신 유행의상을 만들어 내는 것은 아니라고 하더라도, 경전이란 재료를 가지고 원전의 신선한 맛을 살리면서도 창조적인 정신을 소유한 맛좋은 요리를 만들어 낼 수 있으리라고 나는 굳게 믿는다.

어떤 이는 한 시대에는 방대한 지식을 소유하고, 자신의 전통을 깊이 신뢰하며 세계를 담담하게 직시할 수 있는 일단의 지성인들이 필요하다고 말한다. 그들로 경전과 전통을 재해석하고 이 시대의 지식과 사상에 새로운 트렌드와 즐거움을 더해주도록 말이다. 그렇게 할 때만이 그들이 기꺼이 믿는 전통, 그들이 존중하는 경전, 그들이 해석하는 세계의 언어와 어휘, 그들의 질서감과 교양, 심지어 그들의 옷차림, 말투, 흥미, 애호가 어우러져 이 시대의 깊이 있고 보편적인 문명이 탄생할 수 있기 때문이다.

나는 그렇게 믿고 있다.

2011년 3월 20일
상하이 푸단復旦대학에서

목차

3부 깨달음의 이치

1부

배움의 길

명쾌한 논어,
21세기에 답하다

공부의 즐거움

배우고 때로 익히면 또한 즐겁지 아니한가?

學而時習之, 不亦悅乎?

이 글귀는 《논어》 제일 첫 장에 기록된 공자의 첫마디다. 이 한마
디는 《논어》 전권의 기조를 알려주는 말이자, 학생들이 《논어》
를 열심히 배울 수 있도록 격려해 주는 격려사이기도 하다. 배웠
던 내용을 때마다 되새기면 옛 지식을 통해 새로운 지식을 연구
하고 발전시킬 수 있다. 덕행과 학업이 나날이 진보해 새로운 경
지에 들어설 수 있다는 사실은 지식인들에게 있어 기쁜 일이 아
닐 수 없다. 일본의 유명 한학자인 카이즈카 시게키貝塚茂樹는 산
문집 《고전을 읽는 기분》에서 이 구절에 관한 체험을 비중 있게
다루고 있다.

여기서 말하는 '배움'이란 존경하는 친구 요시카와 코지로吉川
幸次郎 선생께서 말씀한대로 《시경詩經》, 《서경書經》 등 공자대학 캠

퍼스용 교과서를 공부하는 것을 말한다. 아마 제일 처음에는 스승님이나 선배님이 어떻게 읽는지를 알려줘야 할 것이다. 요시카와 코지로 선생께서는 읽는 법을 한 번 배우고 나면 때(상황)에 따라서가 아니라 틈이 날 때마다 책을 외우고 복습하며 이해를 심화하게 된다고 말했다. 인생에서 이것보다 더 큰 기쁨은 없다.

고전의 의미는 읽는 법을 한 번 배웠다고 해서 결코 정확하게 깨우치는 것이 아니며 반드시 수차례 되새기면서 복습을 해야만 진정한 뜻을 깨닫게 된다. 요시카와 선생의 해석에 의하면, '때에 따라 되새긴다'는 구절에서 '때에 따르다'라는 말은 중요한 의미를 내포하고 있다. 고전의 정확한 의미는 앵무새가 사람의 말을 흉내 내듯 계속 낭독만 한다고 깨우칠 수 있는 것이 아니다. 즉, 배우는 사람은 내외적 성장, 경험의 확대, 자기반성이 심화됨에 따라 과거에 맛보지 못했던 고전의 진정한 의미를 알게 되고, 항상 연구하고 낭독하는 생활태도를 통해 어느 한순간에 깨달음을 얻게 된다는 이야기다. 그리고 이렇게 할 때만이, 과거 알지 못했던 고전의 새로운 의미를 깨닫는 즐거움이 바로 인생 최고의 즐거움임을 깨닫게 된다.

《논어》 첫 부분에 있는 이 글귀는 기본적으로 책을 읽는 기쁨, 학문에 뜻을 둔 사람의 기쁨을 순수하고도 소박한 구절로 분명히 밝히고 있다. 지금까지 이런 사례는 상당히 드물었지만, 이 책은 사실상 확실히 그런 모습을 보여주고 있다.

그러나 그는 학문의 본질을 이렇게 평범한 어휘로 숨김없이 밝혀내는 것이 오히려 사람들의 이해를 방해할 수도 있지 않을까 걱정한다. 마치 노자의 말처럼 말이다.

上士聞道, 勤而行之.

中士聞道, 若存若亡.

下士聞道, 大笑之.

不笑不足以爲道.

상등의 지식인은 도를 들으면 부지런히 실행한다.

중등의 지식인은 도를 들으면 반신반의한다.

하등의 지식인은 도를 들으면 큰소리로 깔깔대며 비웃는다.

조소를 받지 않는 도는 도라고 할 수 없다.

지혜로운 사람은 도를 들으면 적극적으로 실행한다. 평범한 사람은 도를 들으면 어리둥절해하며 핵심을 깨닫지 못한다. 어리석은 사람은 도를 들으면 비현실적인 이야기로 치부하며 조롱과 멸시를 일삼는다. 그러나 만일 어리석은 사람들의 조소를 받지 못한다면 그 도는 진정한 도라 할 수 없다. 노자의 관점을 증명하는 데 《논어》를 이용하는 것은 아주 적절한 방법이며, 금상첨화라 할 수 있다.

【 원문 】

學而時習之, 不亦悅乎? (學而 第一)

【 해석 】

배운 내용을 때때로 되새기는 것은 또한 즐거운 일이 아닌가?

명쾌한 논어, 21세기에 담하다

⫷ 깨달음과 과시 ⫸

나무가 숲에서 빼어나면 바람에 부러지고 만다.

木秀於林 風必摧之

남북조 시대의 사학자 범엽範曄의 해석에 의하면 소위 나를 위하는 것은 마음으로 도를 깨닫는 것이고, 타인을 위하는 것은 '명예를 얻고자 자신을 과시하는 것'이다. 전자의 목적은 자신을 완성하려는 것이요, 후자의 목적은 이름과 명성을 추구하려는 것이다. 공자 시대에도 자신의 이름과 명성을 추구하는 것은 보편적인 현상이었다. 그래서 묵자墨子도 "과거의 학자는 좋은 말 한마디를 얻으면 자신의 몸을 다스리는 데 사용하고, 오늘의 학자는 좋은 말 한마디를 얻으면 타인을 즐겁게 하는데 힘쓴다."라고 지적했다.

위대한 사상가 쇼펜하우어는 "자신을 위해 지식을 얻고자 노력하지도 않고 지식을 목적이 아닌 수단으로 삼는다." 교육기관 종사자들을 상점 종업원에 비유하며 자신만의 독특한 예리하고 신랄한 풍자를 선보였다.

인재를 교육하고 육성하기 위해 건립한 각종 명목의 수많은 학교, 학자, 교사들을 바라보며 우리는 어쩌면 인류가 진리와 지혜를 매우 사랑한다고 여길지도 모른다. 그러나 이 모든 것은 사람의 눈을 속이는 허상에 불과하다. 교사가 학생을 가르치는 목적은 돈을 벌기 위해서이며, 그들이 추구하는 것은 진리가 아닌 자기자랑과 명예, 명망이다. 학자들이 연구하는 목적은 풍부한 지식과 날카로운 깨달음을 얻기 위해서가 아니라, 거드름을 피우고 허세를 부리기 위해서이다.

중국이나 외국, 과거나 현대를 가릴 것 없이 모두 같은 생각을 하고 있음을 알 수 있다. 그는 다른 것에는 전혀 무관심하고 오직 명예와 이익만을 구하는 '타인을 위하는' 자를 폭로하고 있다. 철학자 장스잉張世英은 《자신을 위하는 것과 타인을 위하는 것》이라는 책에서, 무엇인가에 깊은 애정을 가지고 열심히 노력했지만 결국 외부의 압력 때문에 어쩔 수 없이 '자신을 위하는' 신념을 포기하고 세상 조류에 영합하게 된 '타인을 위하는' 사람들에 대해 말하고 있다. 그는 책에서 모든 사람이 결국 타락할 수밖에 없다는 하이데거Martin Heidegger의 이론을 분석하고 있다.

하이데거의 관점에 의하면, 사람은 결국 세계 가운데 존재하며 타인이나 타물과 교류를 해야만 하는 존재이다. 이것은 바로, 사람은 반드시 이 세상에서 생활하는 상태에 던져지게 된다는 뜻이다. 그러나 이 세상에서 생활할 때, 의식적이든 무의식적이든, 사람은 외부의 기준을 좇아 자기 의지와는 상관없는 일을 하게 된다. 이런 세속적인 기준은 바로 우리가 항상 말하는 '옛날부터 그랬던' '인간이란 다 그런' '일반적인' '말할 필요도 없는' '당연한' '이미 결론이 난' 등의 관념이다. 만일 이런 뜻을 애매모호한 '그것'이라는 말로 포괄한다면, 일상생활의 말 한마디, 행동과 희로애락은 모두 '그것'에 의해 결정될 뿐, 자신에 의해 결정되는 것은 아니라 할 수 있다.

다른 말로, 보통 사람들은 대개 자신을 포기하는 대신 타인을 위해 존재한다는 것이다. 하이데거는 이런 상태를 '타락'이라고 불렀다. 타락의 상태는 참되지 않은 상태다. 그와 반대로 타락을 벗어나 그것의 속박을 받지 않게 되면 인간은 '참된' 상태로 돌아간다. 중국 사람들의 개념으로 이야기하자면 '타락' '참되지 않음'이란 바로 타인을 위하고 자신을 잃어버리는 것이요, '참됨'은 자신을 위하고 본질을 지키는 것이다. 하이데거는 대중들이 모두 모든 것을 주관하는 '그'에 따라서 행동하기 때문에, 사람과 사람 간의 차이는 모두 사라지고 개성과 자유의 선택권은 말살되었으며, 자신을 위해 행동하는 사람은 압제와 박해를 당한다라고 말한다.

"나무가 숲에서 뛰어나면 반드시 바람에 부러지고 만다."라는 중국속담에서 가리키는 바람이 바로 하이데거가 말한 '그것'이다.

망망한 사람들 가운데 꿋꿋이 자신의 길을 가는 사람은 새벽별처럼 드물다. 모든 사람, 보통 사람은 타인을 위해 살기 때문에 자신을 상실하고, 참됨을 두려워 하기 때문에 참되지 않게 타락하고 만다. 오직 숲에서 뛰어난 극소수의 나무만이 만천하가 꺼리는 금기를 대담하게 깨뜨리고, 생명을 희생해서라도 자신을 포기하지 않는 길을 선택한다.

작자는 자신을 위하는 사람, 자신을 귀하게 여기는 사람은 더욱 많아지고, 타인을 위하는 사람, 자신을 잃어버리는 사람은 더욱 줄어들기를 바라고 있다. 또한, 숲에서 뛰어난 나무, 개성적인 영혼을 가진 사람들이 '그'의 압제와 박해에서 조금이라도 벗어날 수 있기를 소망하고 있다.

【원문】

子曰: 古之學者爲己, 今之學者爲人. (憲問 第十四)

【해석】

공자 가라사대 "고대의 학자는 자신을 위했으나, 지금의 학자는 타인을 위한다."

박식한 학문과 굳건한 의지

아래 사람에게 묻기를 부끄러워하지 마라.

不恥下問

이 글은 공자의 문하생들이 학문을 연구하던 비결이었다. "학문은 넓고 박식하며 의지는 굳건해야 하고, 밖으로는 사람에게 물으며 안으로는 마음으로 생각한다." 중국의 사학자 류이징柳飴徵은 이 말이 "모든 학문의 연구방법을 포괄하고 있으며 학문을 연구하는 최상의 방법이다."라고 칭찬했다. 《논어》에는 이와 관련된 표현들이 수차례 반복되는데, 예를 들자면 박식한 학문에 관해서는 사물의 이치에 박학하고 博學於文, 굳건한 의지에 대해서는 자신의 뜻을 굽히지 않으며 不降其志, 본질적인 질문에 대해서는 아래 사람에게 묻기를 부끄러워하지 않고 不恥下問, 현실적인 사고에 대해서는 자신의 주위에서 현실적인 비유를 든다. 能近取譬라고 말하고 있다. 왕시위안王熙元은 이렇게 해석한다.

오직 박학한 사람만이 통달할 수 있으며, 오직 굳건한 뜻을 둔 사람만이 성공할 수 있다. 깊이 없는 질문이 아닌 본질적인 질문만이 일을 성취하며, 비현실적인 사고가 아닌 현실적인 사고만이 헛된 수고를 막을 수 있다.

그는 특별히 이 점을 지적하고 있다.

그중에서 굳건한 뜻은 강인한 의지를 가장 잘 표현하는 말이다. 타케조에 코코竹添光鴻는《논어회전》의 해석에 탁월했다. 그는 "굳건한 뜻이란 학문을 공부하는 이치이다. 전심하여 학문을 연구하며 반드시 얻기까지 구하는 것. 이것을 굳건한 의지라 한다." 또한 《곤면록困勉錄》을 인용하여 말하길 "굳건한 의지는 자기 생각과 다르므로 마음을 바꾸지 않고, 절반을 이루었다고 해서 태만하지 않는 것이다."라고 했다. 학문연구에서 가장 기피해야 할 것이 바로 박약한 의지와 중도포기이다. 그러므로 자하는 글의 앞 구절에서 말한다. "박식한 학문을 추구하면서 굳건한 뜻을 세워라."는 박식한 학문과 굳건한 뜻. 이 두 요소를 이어주는 연결어미 '면서'는 아주 귀중한 의미를 전달하고 있다.

이 얼마나 요지를 정확히 짚은 말인가! 푸단復旦 대학의 교훈이 "박식한 학문을 추구하면서 굳건한 뜻을 세우고, 핵심적인 질문을 하면서 현실적인 사고에 힘쓰라."인 데에는 이런 훌륭한 취지가 숨겨져 있다.

4강

❚ 온고지신 ❚

과거와 오늘을 모른다면 어찌 스승이라 부르랴?

古今不知 稱師如何

온고이지신溫故而知新에 관해서는 두 가지 해석이 존재한다. 하나는 옛것을 되새기는 동시에 새로운 지식을 배워간다는 것이고, 또 하나는 옛것을 되새기는 과정에서 자연스레 새로운 지식을 알게 된다는 것이다.

지식은 계승되는 것이며, 혁신 역시 아무런 기초도 없이 하늘에서 뚝 떨어지는 것이 아니다. 반드시 옛것을 되새기는 길을 통해서만이 새로운 것을 아는 목적지에 이를 수 있다. 쉬린賀麟은 《오륜 관념에 대한 새로운 검토》에서 이렇게 밝혔다.

새로운 것은 옛것에서 나오게 마련이다. 역사적 배경이 있고 근원이 있는 새로움만이 진정한 새로움이다. 외적으로 보이는 다채로움, 세상을 속이고 풍속을 어지럽히며 기기묘묘함만을 겨루는 새

28

로움이란 잠시 잠깐의 유행에 불과할 뿐 진정한 새로움이라 할 수
없다.

중국의 언어학자 양슈따楊樹達는《온고지신 신설新說》을 새로
편집하며 이렇게 강조했다.

공자가 말한 온고지신이란 먼저 옛것을 되새기고서 나중에 새로
운 것을 배우라는 뜻이다. 옛 학문을 자유자재로 응용할 정도로
통달하게 되면, 새로운 지식은 어느 순간 샘솟아나게 된다. 옛것
은 새것의 기초가 되기 때문에 옛것은 믿을 만한 것이다. 또 이런
일은 억지로 싹을 뽑아 자라게 하려 하지 않는 사람만이 맛볼 수
있다.

두 편의 글을 분석해보면, 옛것을 되새기면서도 새로운 것을
알 수 없다면 그것은 용속함의 문제이고, 반면 옛것은 되새기지
않으면서 새로운 것만 알려고 한다면 이는 교만함의 문제가 된다
는 것을 알 수 있다. 이 이야기는 우리들의 폐단을 정확히 짚어내
고 있다. 이런 해석 외에도, 옛것을 과거로, 새것을 오늘로 확대
하여 해석하여, 온고지신을 고금은 서로 통한다라고 해석하기도
한다. 동한 시대의 사상가 왕충王充은《논형論衡》사단편謝短篇에서
과거는 알면서 오늘은 모르는 자는 은거자이며, 오늘은 알면서
과거는 모르는 자는 맹인이라고 했다.

옛 지식을 되새기며 새로운 지식을 얻는 자는 뭇사람의 스승이 될 수 있다. 과거와 오늘을 모른다면 어찌 스승이라 할 수 있을까?

우리의 정신을 일깨워주는 통렬한 견해이다.

【 원문 】

子曰: 溫故而知新, 可以爲師矣. (爲政 第二)

【 해석 】

공자 가라사대 "옛 지식을 되새기며 새로운 지식을 얻는 자는 뭇사람의 스승이 될 수 있다."

배움과 사색

학습과 사색 중 어느 쪽도 부족하면 안 된다.
學與思兩者缺一不可

공자는 수많은 제자를 가르쳤는데, 그들은 재능과 수준도 서로 다르고 성격도 달랐다. 그 가운데는 당연히 열심히 공부하지만 사색하지 않는 사람과 사색은 하지만 열심히 공부하지 않는 사람이 생기게 마련이었다. 그러나 공자는 학습과 사색을 결합해야 하며, 어느 한 쪽에만 치우치거나 소홀히 해서는 안 된다고 말한다. 청대의 유학자 육세의陸世儀는 《사변록思辨錄》에서 이렇게 강조했다. "모든 깨달음은 사색에서 비롯된다. 사색이 없이는 깨달음도 없다. 그러나 모든 사색은 학습에서 시작된다. 학습이 없이는 사색도 있을 수 없다." 후스胡適 역시 《중국 철학사 대강中國哲學史大綱》에서 이렇게 밝혔다.

학습과 사색 중 어느 한 쪽도 부족해서는 안 된다. 학습은 하지만 사색하지 않으면, 수많은 사물을 기억하긴 하지만 두서도 조리도 없어지기 때문에 진정한 지식이라 하기 어렵다. 반면 사색은 하지만 학습하지 않으면 사색할 밑천이 부족해져 터무니없는 생각을 하기 때문에 이것도 진정한 지식이라 할 수 없다. 하지만, 두 가지 중에서 학습은 사색에 반드시 필요한 예비과정이므로 더욱 중요하다고 할 수 있다. 학습만 하고 사색이 없다면 최상의 결과를 얻기는 어렵겠지만 적어도 사색만 하고 학습은 하지 않는 태도가 끼치는 해악보다는 훨씬 낫다.

우리의 상식에 부합하며 공자의 의견에도 부합하는 견해이다. 공자는 추상적인 이론 외에도 생생한 자신의 경험담을 들어 설명하고 있다. "나는 온종일 밥도 안 먹고, 밤새도록 잠도 안 자고 사색을 해보았지만, 전혀 이익이 없었다. 차라리 공부를 하느니만 못했다. 吾嘗終日不食, 終夜不寢, 以思, 無益, 不如學也" 사색은 비현실적인 공상만으로도 가능하지만, 배움은 실질적인 내공이 필요하다. 그래서 "지금 세상은 사색을 하는 자는 많으나 배우는 사람은 적다. 사색하는 사람이 배움에 더 많이 노력하지 않으면, 생각의 세계는 이 무지 때문에 지나치게 오만해지거나, 깊이 없는 학문 때문에 진부해지고 만다."(장인蔣寅 《금릉생소언金陵生小言》)라고 한다. 어떤 현자는 우리에게 이런 이야기를 해준다.

시골에서 살던 촌놈이 하루는 길을 떠났는데 갑자기 보슬비가 오기 시작했다. 궁하면 통한다고 했던가? 마침 막대기 하나와 천 조각 하나를 가지고 있던 터라, 그는 나무 막대기로 천 조각을 떠받쳐 머리를 간신히 가릴 수 있었고, 집에 돌아올 때는 비에 젖은 생쥐 꼴을 모면할 수 있었다. 그는 이런 자신의 모습이 너무나 자랑스러웠다. 인류를 위해 큰 공헌을 한 것 같은 뿌듯함을 맛본 그는 자신의 위대한 발명을 세상에 알리기로 결심했다. 도시에는 '발명품 특허청'이 있다는 이야기를 들은 적이 있기에, 그는 나무 막대기와 천 조각을 품에 고이 간직하고 뛸 듯이 기쁜 마음을 안은 채 황급히 특허청에 달려갔다. 그러나 특허청 직원은 그의 자랑스러운 발명품 소개가 끝나자마자 배꼽을 잡고 껄껄 웃더니, 우산 하나를 꺼내와 자세히 구경해보라며 그에게 건네주었다.

이 시골사람은 자신을 지혜롭다고 여기며 사색은 하되 배움에는 정진하지 않는 독불장군의 살아있는 초상이다. 불행 중 다행인지, 아니면 다행 중 불행인지, 우리는 이렇게 머리에 낡은 천 조각을 걸쳐 쓰고 자신을 영웅이라고 여기는 소위 사색하는 사람들을 과거에 자주 만나왔으며, 미래에도 계속 만날 것이다. 또한 현재에도 그들이 세상에서 활개 치는 모습을 심심치 않게 보고 있다.

子曰: 學而不思則罔, 思而不學則殆. (爲政 第二)

【 해석 】

공자 가라사대 "공부하되 사색하지 않으면 어리석어지고, 사색하되 공부
하지 않으면 의혹에 빠진다."

언어는 뜻을 표현하면 된다

과유불급은 언어에서도 해당된다.

過猶不及, 文辭亦然

언어는 사상을 표현하고 문화를 전달하는 도구이다. 그래서 문학적으로 잘 꾸며진 언어가 아니면 오래도록 전해 내려오기가 어려운 법이다. 하지만 수식은 수단일 뿐 언어의 근본목적은 역시 뜻을 표현하는 데 있다. 과유불급은 언어에서도 마찬가지다. 공자의 간결한 언어는 그의 선명한 관점을 명확히 전달해주어, "언어는 뜻을 명확하게 표현할 수만 있으면 된다."라는 말에 모범적인 예가 된다.

1930년, 소설가 장헌수이張恨水는 공자의 명언을 제목으로 삼아 후스胡適의 《건설 중인 문학혁명론》의 논점을 분석하는 글을 썼다.

문학혁명을 주장하는 사람들은 몇 가지 규칙을 확립하고는 자신의 비결을 발 벗고 후세에 전수해주려 했다. 그들은 첫째, 담론이 있어야 말이 있고 둘째, 어떤 얘깃거리가 있어야 무슨 말이든 하게 되고 말을 어떻게 하느냐에 따라 그렇게 말하게 되며 셋째, 자신의 말을 해야지 다른 사람의 말을 해서는 안 되고 넷째, 그 시대를 사는 사람이 그 시대의 말을 하게 된다고 한다.

심혈을 기울여 만들어 낸 이 네 가지 규칙은 마치 엄청난 심사숙고를 거쳐 간신히 탄생한 듯싶지만, 사실 이런 규칙은 그들이 소위 말하는 죽은 문학 속에도 과거부터 존재해왔다. 다만 후스는 극도로 현실적이며 명쾌한 설명을 해냈을 뿐이다. 즉, 산골짜기의 삼척동자도 다 아는 이 한 마디대로 말이다. "언어는 뜻을 명확하게 표현할 수만 있으면 된다."

힘 안 들이고 뱉어낸 이 한 마디는 매우 간단해 보인다. 그러나 자세히 곱씹어보면 실제로는 고명한 이치가 숨겨져 있음을 알 수 있다. 이 구절 대신 다시 그 네 가지 규칙을 연구하려 하면 오히려 아주 머리가 아플 정도다. 내 글은 백화문(중국어 구어체)으로 썼기에 자연히 백화문을 반대하지 않는 것이라 할 수 있다. 그러나 나는 백화문의 규칙 역시 '언어는 뜻을 명확하게 표현해야만 한다'라고 생각한다. 문학 혁명가들은 말을 이리 돌리고 저리 돌려서 복잡하게 하길 좋아하지만, 이는 간결함 대신 복잡함만 추구하는 것이 아닌가? 옛사람들은 "소동파蘇東坡의 시는 성큼성큼 걸어가기 때문에 자연스럽고 대범하고, 황산곡黃山谷(산곡은 북송시대 문학가 황정견黃庭堅의 호)은 항상 머뭇거리기만 해서 애는 많이 써도 별다른 진전이 없다."라고 말했다. 왜 그런 말을 했을까? 옛 사람들의 이 지적은 백화문의 어떤 규칙이나 문체, 운율에 적용한다 하더라도 아주 적절하다고 할 수 있다.

문학 혁명가들이 무시하던 죽은 문학 중에서 그들의 주장에 부합하면서도 그들의 표현보다 더 훌륭한 명구를 골라 완곡한 풍자를 한 것은《논어》의 글을 선용한 좋은 예라고 할 수 있다.

【 원문 】

子曰: 辭達而已矣. (衛靈公 第十五)

【 해석 】

공자 가라사대 "언어는 뜻을 명확하게 표현할 수만 있으면 된다."

▌ 몰라서 하는 공부 ▌

남이 한 번에 하는 것을 내가 못하면 백 번 해보라.

人一能之, 己百之

공자는 선천적으로 모든 것을 깨닫는 천재의 존재를 믿고 있었다. 그러나 그 자신은 "나는 선천적으로 모든 것을 깨달은 사람이 아니다."라고 명확하게 밝히고 있다. 대성지성선사大成至聖先師 (청대에 정한 공자의 존호)마저도 천재에 속할 수 없다니 선천적으로 모든 것을 깨닫는 사람은 이 지구상에서 팬더보다 더 희귀한 존재임을 알 수 있다. 이는 수많은 중생에게 꼭 필요한 위로라 할 수 있다. 우리 절대다수의 보통사람들은 모두 모르는 문제가 생길 때에야 공부를 하고, 공부를 해야 답을 알게 된다. 보통 사람뿐 아니라 수많은 명사와 대가들 역시 자신들이 모르는 문제가 닥쳤을 때 더욱 열심히 공부하고 공부를 통해 어려움을 이겨냈다고 거리낌 없이 말한다.

그러므로 모를 때 하는 공부, 모르는 문제를 통해 알게 되는 지혜는 열성적인 학구열의 대명사가 되었으며 또한 과거와 현대의 학자들이 사랑하는 상용어휘가 되었다. 예를 들어 남송의 대학자인 왕응린王應麟은 자신의 명저를 《곤학기문困學紀聞》이라고 했으며 명나라의 사상가 나흠순羅欽順은 자신의 명저를 《곤지기困知記》라고 불렀고 중국 철학사 연구대가인 자오지빈趙紀彬은 자신의 논문집을 《곤지록困知錄》이라 했고 중국 근대사의 학자 뤄얼깡羅爾綱 역시 자신의 논문집을 《곤학집困學集》이라 했다. 학문을 배울 때 가장 손을 쓰기 어려운 유형은 천부적인 재질이 부족하고 공부할 마음이 전혀 없는 게으른 사람인데 이런 사람들은 스스로 작정하고 제일 저급한 폐인이 되기를 자처했기 때문이다.

천성적으로 모든 것을 깨닫는 사람은 공부할 필요가 없고, 어려운 문제를 만났는데도 공부하지 않는 사람은 공부하기 원하지 않는 사람이니 이것이 바로 "오직 상등의 지혜와 하등의 어리석음만은 변화시킬 수 없다. 唯上知與下愚不移"라는 말을 풀이해 주는 예이다. '변화시킬 수 있다'는 것은 공부를 통해 변화를 시킨다는 뜻이며 이런 사람들은 모두 중간 계층의 자격을 가지게 된다. 천부적인 자질에 한계가 있다 하더라도 열심히 노력하기만 하면 게으름은 부지런함으로 바뀌고 폐물은 보배로 변신하게 된다. 《논어》와 함께 사서로 꼽히는 《중용》에서는 "천부적으로 아는 것이든, 공부를 통해 알게 된 것이든, 혹은 모르는 문제 때문에 힘겹게 알게 된 것이든, 일단 알게 된 것은 똑같은 결과를 낳는다. 或生而知之, 或學而知之, 或困而知之, 及其知之一也"라고 말하며, 또 이런 말도 한다. "다른 사람이 한 번에 할 수 있는 것을 내가 할 수 없다면 그 사람처럼 백 번을 따라할 것이고, 다른 사람이 열 번에 할 수 있는 것을 내가 할 수 없다면 그 사람처럼 천 번을 따라하라. 만일 정말 이렇게 실천한다면 어리석은 사람도 총명해질 것이며 유약한 사람도 강인해질 것이다. 人一能之, 己百之; 人十能之, 己千之. 果能此道矣, 雖愚必明, 雖柔必强" 이 말은 본 장의 뜻을 아주 잘 설명해 주고 있다.

【원문】

孔子曰: 生而知之者, 上也; 學而知之者, 次也; 困而學之, 又其次也; 困而不學, 民斯爲下矣. (季氏 第十五)

【해석】

공자 가라사대 "선천적으로 아는 사람은 가장 뛰어난 사람이며, 공부를 통해서 알게 되는 사람은 그 다음이다. 모르는 것이 있을 때 공부하는 사람은 그 다음이다. 모르는 것이 있지만 공부하지 않는 사람은 가장 저급한 사람이다."

☰ 날마다 배우기 ☰

젊으나 늙으나 하루도 독서를 거르지 않았다.

自少至老, 未曾一日廢書

"날마다 새로운 것을 알게 된다. 日知其所無"는 것은 새 지식을 얻음知新을 말하며, "달마다 배웠던 것을 잊지 않는다. 月無忘其所能"는 것은 배운 것을 되새김溫故하는 것을 말한다. 청대 학자인 진례陳澧는 이 두 구절을 두고 "읽기에는 별것 아닌 도리 같지만, 이 두 가지야말로 실제 학문을 하는 법칙이다."라고 말하고 있다. 가장 모범적인 실례가 바로 명나라 말 청나라 초기의 위대한 학자 고염무顧炎武의 명저《일지록日知錄》이다. 작가는 책의 머리말에서 이렇게 적고 있다.

> 어리석은 나는 어릴 적부터 책을 읽으며 조금씩 알게 되는 것들을
> 기록으로 남겼으며 실제와 맞지 않는 사실은 때마다 새롭게 고쳐
> 두었다. 혹 옛사람이 나보다 먼저 연구를 시작한 분야에 대해서는

더욱 날카롭게 연구했다. 30여 년간의 연구 결과가 모여 이제 한 권의 책이 되었기에 자하子夏의 말을 빌려 《일지록》이라는 제목을 짓고 군자의 뒤를 따르려 한다.

지칠 줄 모르는 지식 탐구와 끊임없는 연구는 이미 고염무의 생활습관이 되었던 것이다. 그의 문하생이었던 반뢰潘耒은 고염무에 대해 이렇게 적고 있다.

열심히 노력하시는 태도는 그 누구보다도 뛰어나셨고 다른 취미가 없으셨다. 젊으셨을 때부터 늙으실 때까지 단 하루도 책 읽기를 쉬지 않으셨다. 출행을 하시게 되면 꼭 책을 가지고 다니시며 여관에서는 적게 쉬고 시간을 아껴 책을 읽으셨고, 토론을 하면 전혀 피곤한 기색이 없으셨다. 한 가지 의문이 생기면 수차례 참고자료를 찾고 생각하며 반드시 정확한 답을 찾아내셨다. 자신의 견해에 대해서는 옛 고금의 증거를 통해 반드시 막힘이 없도록 한 후에야 연구를 그치셨다. 당대에는 문인과 재능 있는 선비들이 심히 많지만 학문에 대해 말하자면 반드시 옷깃을 여미고 공손한 마음으로 고염무 선생을 추천할 수밖에 없다.

그의 친구인 왕홍王弘은 이런 말을 남긴다.

매번 우리 또래를 만나 잔치를 벌이고 온종일 즐기고 나면 그는 항상 이마를 찡그렸다. 또 손님이 돌아가면 반드시 결심을 다지며 말했다. "오늘도 이렇게 안타깝게 허비했구나!" 그는 부지런하기가 이 정도였다.

고염무는 마음속에 항상 날마다 반드시 새로운 것을 배워야겠다는 생각을 가지고 있었기에, 자연히 하루도 함부로 낭비하려 들지 않았던 것이다.

【원문】

子夏曰: 日知其所無, 月無忘其所能, 可謂好學也已矣.

(子張 第十九)

【해석】

자하가 말했다. "날마다 새로운 것을 알게 되고, 달마다 배웠던 것을 잊지 않아야 공부를 좋아한다고 할 수 있다."

❚ 즐기는 것이 최고의 경지 ❚

좋아하는 사람은 즐기는 사람보다 못하다.

好之者不如樂之者

한 사물에 대해 일반적인 이해만 하는 사람은 이것을 좋아하는 사람을 이길 수 없다. 한 사물에 대해 일반적인 호감만 가진 사람은 이를 즐기는 사람을 이길 수 없다. 즐거움이 있어야만 전심전력하여 완전히 몰입할 수 있고, 즐거움에 잡념을 잊을 수 있으며, 지칠 줄 모르고 즐거워하며, 견딜 수 없이 즐거워할 수 있다. 량치차오는 삶의 가치를 힘써 고취했는데, 바로 자신의 일과 자신의 직업 중에서 느낀 즐거움을 통해 이 법칙을 깨달을 수 있었다.

직업은 모두 즐거운 것이다. 계속 인내심을 가지고 열심히 하기만 한다면 즐거움은 자연스럽게 생긴다. 왜 그런가?

첫째, 직업이란 모두 수많은 어려움이 생기기 마련이기 때문이다. 만일 그 상황 안에 빠져 들어가 어려움을 해결하게 된다면 가장 친근하고도 즐거운 느낌을 받게 될 것이다. 둘째, 직업의 성공은 노력을 떠나서는 생각할 수 없기 때문이다. 한 걸음 한 걸음 노력하며 전진하고 각고의 노력을 통해 즐거움을 얻게 되면 즐거움은 두 배가 된다. 셋째, 직업은 특성상 항상 같은 직업을 가진 사람들과 경쟁하며 함께 나아가기 때문이다. 마치 구기경기를 하는 선수처럼 승리를 겨루는 과정에서 즐거움을 얻게 된다. 넷째, 전력을 다해 한 직업을 감당할 때, 헛생각들이 사라지고 일이 없어 생기는 번뇌들이 종적을 감추기 때문이다.

공자는 "아는 사람은 좋아하는 사람을 이길 수 없고, 좋아하는 사람은 즐기는 사람을 이길 수 없다."라고 했다. 우리의 인생은 자신의 직업에서 즐거움을 느낄 수 있을 때에만 비로소 가치를 가지게 된다. 공자는 자신의 평생을 스스로 평가하며 말했다. "그의 사람됨은 열심히 노력하기 시작하면 식사하는 것도 잊고, 기쁘면 근심걱정도 다 잊고 자기가 늙었다는 것도 잊을 정도다. 其爲人也, 發憤忘食, 樂以忘憂, 不知老之將至云爾" 이런 삶이야말로 인류의 가장 이상적인 삶이라 할 수 있다.

이런 이상적인 삶이 도저히 실현할 수 없는 백일몽만은 아닐 것이다.

子曰: 知之者不如好之者, 好之者不如樂之者. (雍也 第六)

공자 가라사대 "아는 사람은 좋아하는 사람을 이길 수 없고, 좋아하는 사람은 즐기는 사람을 이길 수 없다."

❚ 차별 없는 교육 ❚

자기 행동을 다스릴 수 있으면, 누구에게든 가르쳤다.

自行束脩以上, 吾未嘗無誨焉

맹자는 '천하의 영재를 얻어 교육하는 것 得天下英才而教育之'이 군자의 최고 즐거움 중 하나라고 했다. 이 관점 역시 공자와 일맥상통한다. 공자는 제자가 삼천이나 되었다고 했는데, 그중에는 귀족도 있고, 평민도 있었으니 출신도 가지각색에, 빈부귀천이 골고루 섞여 있었다. 후스는 이에 대해 이렇게 말했다.

공자는 교육이란 모든 계급과 한계를 깨뜨려 실시될 수 있음을 간파하고 있었다. 그래서 "어떤 사람이든 교육할 수 있다."는 최고로 용기 있는 선언을 할 수 있었다. 이 말은 오늘날에 있어서는 별로 이상할 것이 없어 보이지만 2천 5백여 년 전에 이렇게 평등한 교육관을 가졌다는 것은 당시 사회에 큰 지각변동을 일으킬 만큼 혁명적인 학설이었다. "어떤 사람이든 교육할 수 있다."라고 했기에 공자는 말했다. "자신의 행동을 다스릴 수 있는 사람이라면, 가르치지 않은 사람이 없었다. 自行束修以上, 吾未嘗無誨焉" 그래서 그의 문하생 중에는 노나라의 공손公孫이 있었으며, 장사를 하는 상인, 극도로 가난했던 원헌, 감옥에 갇혀 있던 죄수도 있었다. 공자는 교육이 모든 계급의 영역을 허물 수 있다고 확신했기에 평생토록 "고매하고 어진 인격을 닦기에 싫증낼 줄 모르고, 타인을 가르치기에 지칠 줄 몰랐다. 爲之不厭, 誨人不倦"

교육가 푸런간傳任敢은 한발 더 나아가 이렇게 해석하고 있다.

공자의 뜻은 한 종류의 학생만을 받아들이고 다른 학생은 받아들이지 않는 불평등을 벗어나 모두 평등하게 대하며 차별대우하지 말라는 것이다. 또, 교육의 범위를 한정하지 말고 확대하여, 지식을 독점하는 대신 보급에 힘쓰라는 뜻이다. 그래서 그는 '자신의 행동을 단속할 수 있는 사람'이기만 하다면 자신을 찾아오는 학생은 전부 다 가르쳤다고 했다. 또한 하층의 백성에게 교육은 시키지 않고 전쟁이나 하라고 하는 것은 그들을 사지로 몰아넣는 것과 마찬가지라고 말했다. 그는 백성이 할 수 있는 일은 할 수 있도록 허락해주고, 할 수 없는 일은 먼저 어떻게 해야 하는지 알려줘야 한다고 주장했다. 그가 한 이 말 역시 교육면을 확대하고 지식을 보급하자는 뜻이다. 공자의 교육활동 역시 차별 없는 교육이라는 그의 참뜻을 잘 설명해주고 있다. 그는 절대 빈부나 귀천, 재능, 태도, 노소 등 각종 원인으로 편견을 가지거나 차별을 하지 않았다. 공자가 중국 최초의 사설교육을 제창한 데에는 관부에서만 가르치던 지식을, 관부의 독점에서부터 해방시켜 관부 밖으로 확장시키려는 뜻이 있었다. 이것이야말로 '차별 없는 교육'의 참된 의도를 근본적으로 설명하는 것이라 할 수 있다.

당시뿐만 아니라 현재에도 우리는 진정 '차별 없는 교육'의 꿈을 실현할 수 있는 걸까?

【 원문 】

子曰: 有敎無類. (衛靈公 第十五)

【 해석 】

공자 가라사대 "어떤 사람이든 교육할 수 있다."

〖 맞춤식 교육 〗

학생의 마음을 알아야 그 잘못을 고칠 수 있다.

知其心, 然後能救其失也

《예기》 학기學記에는 이런 구절이 있다.

배우는 학생에게는 네 가지 잘못이 있으며 가르치는 스승은 이를 반드시 알고 있어야 한다. 배움의 과정에 생기는 잘못은 더 많은 것을 탐하는 잘못, 학구열이 적은 잘못, 마음을 다하지 않는 잘못. 더 이상 발전하지 않으려는 잘못이 있다. 이 네 가지 잘못을 만들어내는 원인. 심리 상태는 각각 다르다. 그러므로 학생의 심리상태를 안 후에야 잘못을 고쳐줄 수 있다. 교육의 목적은 학생의 장점을 키워주고 잘못을 고쳐주는 데에 있다.

학생들은 개성도 다르고 행동도 다르다. 스승은 반드시 그 차이를 잘 알고 각 학생에 맞는 맞춤식 교육을 실시해야만 학생들의 우수한 장점을 발휘하고 단점을 보완할 수 있으며 배가 산으로 가지 않는 올바른 교육을 할 수 있다. 두 학생이 완전히 똑같은 질문을 제기했지만 공자가 해 준 답은 완전히 달랐다. 염유는 자신감이 부족해서 항상 소극적이었다. 그래서 공자는 그가 과감한 결단을 하고 들은 것을 곧바로 실천에 옮기도록 격려했다. 자로는 도에 넘치게 용감해서 행동이 경솔하고 무모했다. 그래서 공자는 우선 부모님이나 손위 형님에게 여쭤봐야 하며 들은 것을 곧바로 행동에 옮겨서는 안 된다고 경계한 것이다. 얼핏 보기에는 공자가 기분 내키는 대로 대답해 준 것 같지만 실제로는 심사숙고 끝에 내린 결론이며, 사안도 그리 중대하지 않고 한 말도 많지 않지만 이 구절에서 우리는 이미 공자의 진정한 교육가다운 풍모를 찾아볼 수 있다. 이런 풍모 때문에 공자는 2천년이 지난 지금에도 중국과 해외학자들에게 흠모의 대상이 되고 있다. 위대한 심리학자 융C. G. Jung은 이렇게 말했다.

모든 사람이 모두 동일한 사건을 알고 있어야 할 필요는 없다. 게다가 동일한 지식은 동일한 방식으로 대중들에게 주입되어서는 안 된다. 학문의 대가와 제자 간의 인격적인 관계, 이것이 바로 오늘날 현대 대학교육에서 절대적으로 부족한 부분이다.

어떤 이가 융에게 동서양사상을 연구하는 연구소를 건립하자고 제안했다가 거절당한 적이 있었다. 그 이유는 이런 것이었다.

"제가 볼 때, 지식을 분배하는 연구소는 절대 가증스러운 것일 뿐입니다. 저는 공자와 장자도 연구소 따위는 세운 적이 없는 걸로 알고 있습니다."

2부

군자의 도리

명쾌한 논어,
21세기에 답하다

자기만족의 즐거움

군자는 걱정하거나 두려워하지 않는다.

君子不憂不懼

이는 《논어》의 제일 첫 장에 기록된 공자의 셋째 이야기다. 친구가 멀리서 찾아와 기쁘다는 것은 사람에게서 인정을 받고, 세상에 인정을 받았다는 기쁨이다. 그러나 타인이 나를 이해해주지 않더라도 원망하거나 탓하지 않는다는 것은 사람에게서 인정받지 못하고, 세상에 인정받지 못하더라도 마음이 편안하다는 것이다.

사람에게 인정받고, 세상에 인정받는 것은 우리의 소망, 능력에만 관련된 것이 아니라, 대개는 우리의 기회, 우리가 처한 세상과 깊은 관계가 있다. 공자의 태도는 나를 알아주는 사람이 없더라도 하늘과 사람을 원망하지 않겠다는 것이다. 후세 시인의 말을 빌리자면 "풀과 나무에도 자기만의 마음이 있는데, 사람이 이를 꺾어 아름다움을 알아줄 필요가 있는가. 草木有本心, 何求美

人折"라고 할 수 있으며, 후대 철학자의 말로 표현하자면 "나를 알아주는 사람이 없어도 다른 곳에서 기대를 바라지 않겠다."라고 할 수 있다. 현대 사상가 량슈밍梁漱溟은 이렇게 말했다. "즐거움이란 공자의 삶 속에서 가장 돋보이는 생활태도이며, 그의 삶 속에서 가장 뚜렷하게 빛나는 색채다."

《논어》를 펼쳐보면, 우리는 공자의 첫 번째 태도, 즉, 공자의 삶의 길을 볼 수 있는데, 한눈에 보아도 얼마나 깊이 있고 오묘한 의미를 담고 있는지 알 수 있다. 《논어》의 첫째 장에서 공자는 입을 열자마자 말한다. "배운 내용을 때로 되새기는 것은 즐거운 일이 아닌가? 마음이 맞는 친구가 먼 곳에서 찾아오는 것은 즐거운 일이 아닌가? 타인이 나를 이해해 주지 않더라도 원망하거나 탓하지 않으면 그게 바로 군자가 아닌가?" 이 몇 구절만 보아도 공자의 분명한 생활태도를 알 수 있다. 자신에 지극히 만족한 그의 내면모습을 어렵지 않게 상상해 볼 수 있다.

이 자기만족은 바로 '형이상학적인 색채를 지닌 수양의 경지이며, 감정이라기보다는 일종의 지혜이고, 일종의 탁월함, 세상을 동정하고 연민하는 관용과 이해의 자세일 뿐 아니라 온갖 고난을 두루 겪은 내적 풍부함과 자신감, 빛나는 이성, 흔들리지 않는 성숙함, 고뇌와 용속함을 이겨낸 맑고 깨끗함'(왕명王蒙의 《희열喜悅》)이라고 할 수 있다. 그래서 "군자는 마음에 거리낄 일을 하지 않아 걱정하거나 두려워하지 않고 君子不憂不懼, 군자는 너그럽고 호탕하며 소인은 마음이 좁고 근심걱정에 싸여 산다. 君子坦

蕩蕩, 小人常戚戚" 공자는 '거친 밥에 냉수만 먹고 飯疏食水도 즐거움이 그 가운데 있다. 樂亦在其中'고 여겼으며, 안회顏回 역시 "대나무 소쿠리에 밥을 먹고, 표주박으로 물을 마시며 누추한 동네에서 살지만 一簞食, 一瓢飮, 在陋巷 그 즐거움을 바꿀 수 없다. 不改其樂'고 자부했다. 이런 까닭에 공자와 안회의 즐거움은 이후 '군자와 같은 유학자'를 구별하는 중요한 지표가 되었다.

량수밍의 이론이 사상적인 면에 치우쳤다면, 일본의 저명한 중문학자 요시카와 코지로吉川幸次郎는 문학적인 면에서 공자의 이 세 마디를 분석하고 감상하고 있다.

'배운 내용을 때로 되새기는 것은 즐거운 일이 아닌가?'라는 공자의 말에서 '즐거운 일이 아닌가?'라는 말투는 매우 온건하면서도 강한 설득력을 가지고 있다. '마음이 맞는 친구가 먼 곳에서 찾아오는 것은 즐거운 일이 아닌가?'라는 구절은 첫 구절의 변주곡인데, 멀리서 친구가 찾아왔을 때 너무 기뻐 그 친구와 함께 펄쩍펄쩍 뛰며 환호성이라도 지를 것 같은 인상을 준다. 반면 사람들에게 이해받지 못했을 때에 그는 결코 분노하지 않는다. 그리고 글의 운율은 '타인이 나를 이해해 주지 않더라도 원망하거나 탓하지 않으면 그게 바로 군자가 아닌가?'로 이어진다. 실로 아름다운 글이 아닐 수 없다.

때마다 '우리 같은 유학자는'이라고 자랑스럽게 선언하는 일본 학자 요시카와 코지로는 이 구절을 읽고 너무나 감개무량하여 세 번이나 감탄하고 말았다.

"바로 이런 아름다움 때문에 내가 《논어》를 사랑한다!"

【 원문 】

人不知而不慍, 不亦君子乎? (學而 第一)

【 해석 】

남이 나를 알아주지 않더라도 원망하거나 탓하지 않으면 그게 바로 군자가 아닌가?

▌ 공자 연보 ▐

40세면 유혹에 빠지지 않는다.
四十而不惑

명대의 사상가 이지李贄는 이 장의 뒤편에 "공자 연보는 후대 사람들에게는 마음의 결심이 되었다. 孔子年譜, 後人心訣"라는 간단한 평론을 남겼다. 그러나 원래 글이 너무 간단했던 탓에 이 말은 풀리지 않는 수수께끼가 되었고 고대부터 현대까지도 이 말의 진의를 추측하는 사람들이 넘쳐나게 되었다. 하지만 의미가 간단하건 심오하건 간에 이 말의 요점을 파악하기란 매우 어려운 노릇이었다. 그래도 그중에서 량슈밍 만은 모든 이의 견해를 압도하는 허를 찌르는 해석을 내리고 있다.

공자가 필생에 이루고자 힘썼던 것이 어떤 학문인지 알기 원한다면, "나는 15세에 학문을 하기 위해 뜻을 세웠고 志學"라는 글에서 답을 찾아봐야 할 것이다. 그러나 "30세에 (학문의 성과로) 자립했으며 而立"라는 말은 도대체 어떤 의미일까? 도대체 뭘 자립했다는 것일까? 실제 공자가 무엇을 자립했는지는 전혀 알 길이 없다.

계속해서 공자의 말을 음미해보면, "40세에 유혹되지 않았고 不惑"라는 말이 나온다. 공자의 말 속에 등장하는 '40대의 불혹'이란 항상 '잘못된 유혹에 빠지지 않는다'는 뜻으로 해석되고 있기는 하지만, 구체적으로 그 유혹이 어떤 것인지는 알 수 없다. "50세에 하늘의 뜻을 알았으며 知天命"라는 구절에서 '하늘의 뜻'은 과연 무엇일까? 물론 학문에서 더 큰 발전을 이루었다는 뜻이겠지만, 이렇게 도달하게 된 경지가 과연 어떤 것인지 모르기 때문에 우리는 더 아리송해진다. "60세에 듣기에 편했으며 耳順"라고 하긴 하지만 이건 구체적으로 어떤 상황을 말하는 것일까? "70세에는 자신의 뜻에 따라 행하더라도 어긋나는 일이 없었다."라는 이 말은 60세에 모든 말이 듣기에 편했다는 말보다는 좀 더 쉬운 것 같지만 사실 실제 경지는 더욱 난해해져 우리 같은 범인들은 미처 깨닫기도 어렵다.

한번 상상해보자. 공자 본인이 젊었을 때 자신의 60세, 70세 때에 어떤 학문적 조예를 갖추게 될지 상상할 수 없었다고 가정한다면, 다른 사람들은 무슨 수로 그 뜻을 알 수 있을까? 그러나 훗날의 유학자들은 이에 대해서 자기 생각을 한 겹, 또 한 겹 더해가면서 억지로 어색한 해석을 하려고 하니 황당하기만 할 뿐이다.

물론, 공자의 말이 무엇을 가리키는 것인지 정확하게 알 수 없

다는 말이 대략의 요지조차 파악할 수 없다는 뜻은 아니다. 공자의 말을 하나하나 깨우쳐 나간다면 이지의 말처럼 공자의 연보는 분명 후대인들의 마음에 꼭 필요한 비결이 될 것이다. "나는 15세에 학문을 하기 위해 뜻을 세웠다."라는 한 마디만 생각해도 그렇다. 글짓기를 하던 가보옥賈寶玉(중국 장편소설 홍루몽의 남자주인공)은 솔직하게 속마음을 털어놓으며, "보통사람이라면 학문을 하려고 뜻을 세우지 않는 것이 더 자연스러운 일입니다. 위대한 성인도 15세에 뜻을 세웠다는데, 그럼 아주 어려운 일이 아닙니까?"라고 했다가 아버지 가정賈政에게 말도 안 되는 이야기라고 혼만 잔뜩 난 일이 있다. '학문을 하려고 뜻을 세운다'라는 게 젊은이들에게 있어 결코 쉬운 말은 아니지 않은가! 중국 작가 페이밍廢名은 이렇게 적고 있다.

몇 년 전 나는 공자님이 자신의 60세, 70세에 관해 한 논평, 즉 "60세에는 충언과 귀에 거슬리는 말을 모두 담담히 받아들였으며, 70세에는 자신의 뜻에 따라 행해도 어긋나는 일이 없었다."라는 말을 이해할 수 없었고, 이해하려는 노력조차 하지 않았다. 나는 스스로 이렇게 농담을 건 적도 있다. "우리는 아직 60, 70살이 되지 않았으니까 모르는 게 당연한 거야."

그때 내 나이는 대략 30세였다. 그렇다면 40세, 50세에도 이해가 되지 않을 것 아닌가? 아니면 이해하게 되었다고 여기면 될까? 이런 나이들이 전부 과거에 지나가 버린 나이라면, 지금 이렇게 까

다롭게 굴 이유도 없었다. 대략 1, 2년 전, 나는 공자의 "충언과 귀에 거슬리는 말을 모두 담담히 받아들였다"라는 말과 "자신의 뜻에 따라 행해도 어긋나는 일이 없었다."라는 말을 전부 이해할 수 있는 것 같아 너무 기뻤다. 그러나 이 기쁨이 결국 일생 내내 내게 근심을 끼쳐주는 혹 덩어리가 될 줄 누가 알았을까? 나는 공자 선생을 따라 할 수 없을 것 같아 '소자, 다른 생에서는 어떠할 지 아직 모르겠고, 이생에서 더는 능력부족입니다.'라고 생각했다.

작년 여름 나는 이런 느낌에 대해서 내 고향친구인 슝스리熊+力 선생과 이야기를 한 적이 있었다. 당시 나는 마음속에서부터 치밀어 오르는 자신에 대한 불만을 대대적으로 토로했다. 슝 선생은 내가 하는 말을 끝까지 다 듣고는 깊은 한숨만 쉴 뿐 한동안 침묵만을 지켰다. 그리고는 한참 후에야 입을 열어 천천히 자기 생각을 이야기했다. "우리의 문제는 60, 70세에 해야 할 일을 하지 못한다는 데 있는 게 아니라 '학문을 하기 위해 15세에 뜻을 세웠다'는 말조차 깨닫지 못한다는 데에 있다. 우리는 뜻을 세워 무엇을 공부했으며, 또한 언제 학문에 뜻을 세웠는가? 우리는 모두 어릴 때부터 온전한 학문을 잃어버리고 살아왔다."

슝 선생은 한 시대를 대표하는 대철학자로서 이런 자기반성을 해냈다. 그렇다면 우리는 어떤가? 우리는 학자라고 당당하게 말할 자격이 있는가? 우리는 학생으로서 자격이 있는가? "우리는 뜻을 세워 무엇을 공부했으며, 또한 언제 학문에 뜻을 세웠는가?" 이 넓고 넓은 세상, 이 많고 많은 사람 중에서 이 질문에 떳떳하게 대답할 수 있는 사람은 과연 몇 명이나 될까?

【 원 문 】

子曰: 吾十有五而志於學, 三十而立, 四十而不惑, 五十而知天命, 六十而耳順, 七十而從心所欲不逾矩. (爲政 第二)

【 해 석 】

공자 가로되 "나는 15세에 학문을 하기 위해 뜻을 세웠고, 30세에 학문의 성과로 자립했으며, 40세에 유혹에 빠지지 않게 되었고, 50세에 하늘의 뜻을 알았으며, 60세에는 충언과 귀에 거슬리는 말을 모두 담담히 받아들였으며, 70세에는 내 뜻대로 행하더라도 어긋나는 일이 없었다."

군자는 그릇 같지 않다

군자는 바로 정신적인 귀족이다.

君子是精神貴族

서영徐英은 《논어회전論語會箋》에서 고대의 주석을 자세히 설명하며 말했다.

그릇은 용도가 한 가지에 국한된다. 예를 들어 귀, 눈, 입, 코 등 몸의 기관은 서로 통용할 수 없다. 군자가 되기 위한 학문은 한 가지에만 국한되어서는 안 된다. 군자는 각 분야에 적용할 수 있는 재능과 넓은 견식이 있어야 세상에 두루 사용될 수 있다.

과학기술의 발달에 따라 분업은 점점 더 세밀화 되고, 전문영역의 기술을 익히는 것, 즉 자신을 일종의 그릇으로 단련해 가는 것은 우리 삶의 수단이요, 인생에서 추구하는 목적이 되어버렸다. 그러나 군자는 그릇이 아닐 리는 없지만, 한 가지 그릇에만 용도가 국한되어서는 안 된다. 이런 인재는 공자의 마음속에 있는 군자의 상과는 거리가 멀다. 치엔무錢穆는 이렇게 말한 바 있다.

모든 지식과 학문의 배후에는 반드시 살아있는 한 사람이 존재한다. 그렇지 않다면 지식은 장부에 등록되어 있는 상품과 다를 바 없고, 기계와 같은 고도의 숙련도만을 요구할 뿐이다. 또 사람들은 인간을 파괴하는 것을 학문이라 여길 것이다. 그렇다면 사람의 도는 거칠고 조잡해지고 세상에는 근심이 끊이지 않을 것이다.

이것이 바로 전형적인 인문교육 관념이다. 일반적으로 그릇이 되기 위해서 필요한 것은 훈련training이고, 사람이 되기 위해서 필요한 것이야말로 교육education이다. 차이위안페이는 베이징대학 총장을 역임할 당시 "전문교육기관에서 교육을 받고, 학업을 마치면 직장을 찾는 것이 필연적인 대세지만 대학은 그래서는 안 된다. 대학에서 공부하는 학생은 깊이 있는 학문을 연구하는 사람이다."라고 말했다. 전문학교는 그릇을 만드는 요구조건에 맞춰 학생들에게 전문적인 기술 훈련을 시키는 곳이지만 진정한 학문을 배우는 대학교란 이것에 제한을 받지 않는다는 이야기다. 이 점에 대해 더욱 분명한 관점을 피력한 이는 바로 영국의 예술사가 클라이브 벨Clive Bell이다. 그는 《문명》이란 저서에서 교육이 훈련과 다른 점을 분석했다. 그는 훈련은 밥벌이 수단이 될 기능을 습득하는 것이요, 교육은 삶을 이해하고 더욱 고상한 삶의 즐거움을 누리기 위해 필요한 것이라고 말한다. 진정한 교육을 받은 사람은 이성을 중시하며 진리를 뜨겁게 사랑하고 풍부한 감수성과 일정 정도 이상의 가치표준을 가지게 된다.

벨의 관점에서 볼 때 가치개념을 가진 사람이란 '미를 얻기 위해 의식적으로 편안함을 포기하는 사람'을 지칭한다. 훈련은 어떤 이윤을 획득할 것인가를 선택하고, 교육은 어떤 인생을 살 것인가를 선택한다. 즉, 어떻게 그릇이 될 것인가가 아닌 어떻게 인간이 될 것인가를 선택하는데, 이야말로 발달한 문명의식의 지표라 할 수 있다. 이런 문명의 세례를 받은 사람은 "지혜와 재기, 감수성을 가지고 우민 본능을 열렬히 반대할 것이며, 이런 문명은 염가처리 상품 같이 값싼 기준은 절대 받아들이지 않는다."

그릇이 아닌 군자란 바로 염가처리 상품 같이 값싼 기준은 절대 받아들이지 않는 정신적 귀족을 가리키는 것이다.

【 원문 】

子曰: 君子不器. (爲政 第二)

【 해석 】

공자 가라사대 "군자는 그릇 같지 않다."

인본주의

다친 사람은 없느냐?

傷人乎

돌발사고가 일어났을 때, 공자의 머릿속에 제일 먼저 떠오른 것은 사람의 안전이었다. 중국의 현대 화가이며 에세이 작가인 펑쯔카이豊子愷의 말을 빌자면 이러하다.

공자는 조정에서 돌아와 마구간이 불탔다는 이야기를 전해 들었다. 그러나 그는 사고로 다친 사람이 있느냐고 물을 뿐 다친 말이 있느냐고 묻지는 않았다. 공자가 말을 귀중하게 생각하지 않았다는 것은 아니다. 사람을 말보다 더욱 귀중하게 여겼기 때문에 사람이 다쳤느냐고 물어봤을 뿐이다. 사람이 다치지 않았다면 가장 중요한 결과는 이미 파악한 셈이고, 말이 다치고 안 다친 문제는 사람에 비하면 덜 중요하기 때문에 물어보지 않은 것이다.

그러나 어느 시대에나 공자의 이런 태도를 별로 달가워하지 않고 입방아 찧기 좋아하는 호사가들이 있기 마련이었다. 그들은 정통적인 해석법을 고쳐 새로운 해석을 시도했다. 즉, '말에 대해 묻지 않았다. 不問馬'라는 글에서 '불不' 자를 "사람이 다쳤느냐?"라는 질문에 대한 대답인 "아니오."로 여긴다거나, '불'자를 앞글과 한데 엮어 "사람이 다쳤느냐? 안 다쳤느냐? 傷人乎不"로 해석한 것이다. 이렇게 해석하는 이유는 전부, 앞 구절에 이어 뒷 구절을 '말에 대해 물었다. 問馬'라고 해석하기 위해서였다. 이럴 경우, 공자는 인도주의자의 표상인 동시에 동물보호 운동가의 표상으로 완벽하게 재창조될 수 있었다. 옛 해석을 고치려는 사람은 아주 진지한 태도로 머리 아프게 고민해서 이런 기발한 생각을 해냈지만, 읽는 사람 편에서는 어쩐지 쿡쿡 터져 나오는 웃음을 참을 수 없다.

중화민국 시대에 세속에 구애되지 않고 자기가 믿는 신념을 행동에 옮기기로 유명했던 꾸훙밍은 영국, 독일, 프랑스로 다년간 유학을 다닌 덕분에 서양인에 관하여 보고 들은 것이 많았다. 또 남보다 더욱 뛰어난 재능과 지혜를 가진 탓에 눈에 거슬리는 서양인도 많이 보아왔다. 그는 서양인들이 중국에서 떵떵거리며 으스대는 것과 중국인들이 서양인들에게 노예처럼 비굴하게 구는 것을 가장 한스럽게 여겼다.

한번은 영국 작가 서머싯 모옴William Somerset Maugham이 1920년에 중국을 방문하여, 당시 베이징대학에서 교수를 역임하고 유럽에까지 명성이 익히 알려져 있던 꾸훙밍을 만나려 한 적이 있었다. 그때 중국에서 몇 년간 생활하고 있던 영국 상인이 그 둘의 모임을 주선해주겠다며 모옴에게 거침없이 장담했다. 그러나 장담과는 달리 며칠을 기다려도 꾸훙밍은 감감무소식이었다. 어찌 된 일인지 물어보자 그 상인은 어깨를 들썩이며 말했다. "폐지 한 장에다 좀 와보라고 적어 보냈는데, 왜 안 오는지 모르겠네요." 인간사를 잘 알고 인간관계에도 밝았던 이 거장은 배가 산만하고 머리는 메주 같은 그 상인처럼 어리석고 사리에 어둡지 않았다. 모옴은 그에게 '가장 예의 바른 어휘들을 생각해내도록' 하여 편지 한 통을 쓴 뒤, 꾸훙밍의 집을 찾게 했다. 꾸훙밍은 그제야 모임에 나오겠다는 회신을 보내왔다.

"저를 만나려고 이렇게 특별히 방문해 주셔서 감사합니다." 그는 나의 안부인사에 대답하며 말했다. "당신 나라의 그 친구는 힘쓰고 몸이 고달픈 교제만 할 줄 아시는 것 같더군요. 그런 사람들은 중국 사람들이 힘을 써야만 하거나 몸을 고달프게 해야 하는 존재라고 생각하지요."

그가 말하는 요점을 알 수가 없었기 때문에 나는 외람되지만 의아함을 표시할 수밖에 없었다. 그는 의자 깊숙이 등을 기대어 앉으며 조소하는 듯한 표정으로 나를 바라보았다.

"그런 사람들은 중국 사람들이 부르기만 하면 달려오는 줄 알고 있다는 겁니다."

《논어》의 영역본도 번역했던 꾸훙밍은 《논어》에 정통하고 있었음이 분명하다. 사회의 상류계층부터 하류계층까지 전부 서양에 대해 조건 없는 호감을 보이다 못해 심지어 서양을 두려워하는 세태가 만연하던 당시, 그는 세태를 규탄하며 이렇게 분노의 소리를 높였다.

마구간에 불이 나자 공자는 조정에서 돌아와 물었다. "다친 사람은 없느냐?" 말에 대해선 묻지 않았다. 오늘날 각 지방에서는 무슨 사고가 일어나기만 하면 안팎으로 관리들이 깜짝 놀라 전보를 치고 사절을 보내 다급히 묻는다. "다친 양[¥, 서양사람]은 없소?" 사람에 대해선 묻지 않는다.

《논어》의 글을 모방하면서도, 공자가 사람을 중시하고 말을 차치한 일을 통해 나라 안팎의 관리들이 모두 '외세'만 중시하고 자국백성은 무시하는 세태를 풍자한 그의 표현은 신랄하기 그지없다. 또한 양¥이란 글자로 발음이 같은 서양 사람을 비유해 '사람'과 대비를 이루므로, 멸시와 조롱의 뜻을 드러내고 있다. 그의 글은 《논어》를 완벽히 소화해 새로운 어휘를 만들어내는 고수다운 진면목을 아낌없이 보여주고 있다.

廏焚, 子退朝,
曰: 傷人乎? 不問馬. (鄕黨 第十)

【 해석 】

마구간에 불이 나자 공자는 조정에서 돌아와 물었다. "다친 사람은 없느냐?" 말에 대해선 묻지 않았다.

마음속에 신이 없다

삶도 모르는데 어찌 죽음을 알겠느냐?

未知生, 焉知死

스위스의 신학자 한스 큉Hans Küng은 《세계 종교의 발자취를 찾아》에서 이렇게 말하고 있다. "공자가 예수와 다른 점은 선지자적인 인물이 전혀 아니라는 것이다. 공자는 미래의 천국이나 하나님 나라의 강림을 열정적으로 선포하지도 않았으며 사람들에게 천국을 얻기 위해 현실 생활에서 어떤 희생을 해야 한다고 강요하지도 않았다. 공자는 어디까지나 명철한 철학자였다."

약 80여 년 전, 중국의 유명 사학자인 주시쭈朱希祖는 공자를 이렇게 칭찬했다. "당시 사회는 귀신 숭배가 성행하고 있었고, 고대 성현도 미신을 교육의 수단으로 삼던 오랜 관습을 계승하고 있었기에 이를 벗어나기가 어려웠다. 그러나 공자는 자신만의 사상을 가지고, '사람'만을 위해 생각할 뿐, '신'을 위한 생각은 배제했다. 즉, '삶'의 문제에 대해서만 생각할 뿐 '죽음'의 문제에 대해서는 생각하지 않았다." 중국에 종교사상이 쉽게 발생하지 않은 이유는 바로 이 공자사상의 크나큰 장점 때문이었다.

종교에서 가장 중요한 조건은 두 가지다. 첫째는 신의 진리를 믿으며, 온 마음과 정성을 다해 신을 섬기고 그를 떠나지 않으며 앉으나 서나 먹거나 마시거나 마음에 항상 신을 모시는 것이다. 그 예로 불교에서는 부처를 모시고, 기독교에서는 그리스도를 모신다. 둘째, 현재 세상은 악하고 혼탁한 곳이기에 내세의 행복한 삶을 구한다. 예를 들어 불교에는 극락세계가 있고 기독교에서는 천국이 있다. 그러나 공자의 말은 두 조건과 완벽히 반대된다. 사람이 신보다 더 중요하고, 삶이 죽음보다 더 중요하기 때문이다. 그러므로 중국에서는 공자 이후 2천 년간, 종교의 유입이 미미했다. 공자의 책을 읽었던 사람은 모두 종교를 거부했고, 간혹 불교학을 하는 사람은 있었지만 불교 철학을 연구하는 데 그칠 뿐이었다. 그러므로 종교의 유입상황에 대해서는 논란이 일 여지가 없었다.

반면, 종교 신앙이 매우 흥성했던 서양국가 중에는 인간의 온 마음과 정성을 신에게만 귀의시킨 탓에 금욕주의가 유행하고, 인생의 즐거움이란 즐거움은 깡그리 사라지며, 사상은 속박을 받아 자유를 잃어버리게 되는 불상사도 발생했다. 혹은 종교 때문에 핍박을 받는 철학자, 과학자들도 꽤 많았다. 어떤 이는 강연이 금지되거나 교단에서 물러나야 했고 심지어 어떤 이는 화형을

당하기도 했다. 그는 니체Nietzsche가 《반反 그리스도》에서 한 말을 인용하고 있다. "모든 종교는 예속의 도덕을 창조하여 능동적인 사람을 피동적으로 만들고, 적극적인 사람을 소극적으로 만든다." 결국에는 "자유로운 정신의 소유자를 정신을 상실하는 자리로 인도한다." 그리고 특별히 이런 대목을 지적한다.

현재 우리 중국인 중 일부는 공자의 학설을 전제정치의 방패막이로 탈바꿈시키려는 생각을 가지고 있다. "유럽은 종교가 있었기에 부하고 강성했고, 우리나라는 종교가 없었기에 가난하고 약소했다."는 논리를 펴며, 무슨 일이 있어도 공자를 등장시켜 공자를 교조로 삼고, 공자 사당도 세우고 신도를 파견하며 전도도 해야 한다고 주장한다. 심지어, 공자교를 국교로 삼고 싶어 안달이 난 사람들은 무슨 국가회의에서 마치 이것이 국가대사나 되는 양 한바탕 논쟁을 벌여 의안을 통과시키고, 공자교를 국교화하는 동시에 종교의 자유도 박탈하자는 헌법조항까지 만들려 했다. 이교의 하나인 공자교를 가지고 유럽의 종교전쟁이나 학자를 압제하던 비참한 역사를 반복하려 한 셈이다. 하하! 이 세대는 종교가 무엇인지 알기나 하는가? 그들은 공자의 책을 제대로 읽어보지도 않았을 것이다! 공자의 장점은 그들 때문에 깡그리 말살되었다. [과거 꾸홍밍 역시 신을 모시는 듯한 잘못된 태도로 공자를 신봉하는 공자교도들을 조롱하며, 공자가 이 사실을 알았더라면 지하에서 깜짝 놀라 괴로운 마음에 목이라도 맬 것이라고 말했다. 이 모든

일이 우스꽝스러운 소란에 불과할 뿐이다.]

　주시쭈가 세상을 떠난 지 이미 반세기가 넘었지만, 현재 중국인 중 일부가 아직도 공자에게 교주라는 억지 감투를 씌우고, 유교를 국교로 삼으려고 한다는 사실을 알게 된다면 그는 천당에서 계속 하하 실소를 터뜨릴까? 아니면 고개를 돌려 목 놓아 통곡을 할까?

【 원문 】

季路問事鬼神.
子曰: 未能事人, 焉能事鬼?
曰: 敢問死.
曰: 未知生, 焉知死? (先進 第十一)

【 해석 】

자로가 귀신을 어떻게 섬겨야 하는지 묻자 공자가 말했다. "산 사람도 제대로 모시지 못하는데 무슨 수로 귀신을 섬길 수 있겠느냐?"
자로가 죽음이 어떤 것인지 묻자 공자가 대답했다. "삶이 무엇인지도 모르는데 어찌 죽음을 알 수 있겠느냐?"

❘❮ 중용 ❯❘

지나친 것은 오히려 모자란 것만 못하다.

過猶不及

중용은 유가에서 중시하는 최고의 도덕준칙으로서, 중中이란 어느 곳으로도 치우침이 없다는 뜻이며, 용庸은 변함이 없다는 뜻이다. 동한東漢 말년의 경학대사 정현鄭玄의 해석에 따르면 '어느 곳에도 치우치지 않음을 변함없는 진리로 삼는다'라는 뜻으로 해석할 수 있다. 어느 날 자공子貢이 공자에게 이렇게 물었다. "같이 동문수학하는 자장과 자하, 둘 중에서 누가 더 훌륭합니까?" 공자는 숨기지 않고 사실대로 대답했다. "자장은 조금 지나치고, 자하는 조금 모자란다." 그러자 자공이 다시 물었다. "그럼 자장이 자하보다 더 훌륭한 것 아닌가요?" 이때 공자는 일언지하에 그의 말을 반박했다. "과유불급이니라." 진정한 훌륭함은 지나치지도 모자라지도 않아야 한다. 이것이 바로 중용에 대한 공자의 생동감 넘치는 설명이다.

루쉰은 공자가 중용을 크게 중시한 이유를 현실 상황에 근거하여 말한다. "모든 사람이 중용의 도를 따르지 않기 때문이다. 사람은 누구나 부족한 것이 있기 때문에 자신에게 필요한 것을 생각하게 된다. 가난한 교사는 자기 아내 하나 제대로 먹여 살리지 못하기 때문에 여자도 경제적으로 자립해야 한다는 이야기를 옳다고 여기고, 남녀평등론에도 고개를 절로 끄덕인다. 마찬가지로 부자는 살이 쪄서 천식에 걸려야만 그 비싼 골프라도 치고 운동이 얼마나 중요한지 떠들어댄다." 정확한 관점에 날카로운 비평이라 할 수 있다. 사실, "청년은 초봄이요, 아침의 햇살, 만물의 싹틈, 숫돌에 막 갈아낸 날카로운 칼날 같다." "사회에 있어서 청춘이란, 인체에 있어 신선하고 활발한 세포와 같다."라며 청춘 예찬론을 펼쳤던 베이징대학 교수 천두슈陳獨秀 역시 적지 않은 청년들이 중간 이하의 수준에, 함께 이야기를 나눌 수 없는 바보 멍청이임을 발견하지 않았던가?

"교사들은 술에 취한 사람을 부축하는 사람과 같다. 술에 취한 사람은 동쪽으로 쓰러지려는 것을 부축해놓으면 어느새 서쪽으로 쓰러져버린다." 현대 청년들의 오해 역시 술 취한 사람과 마찬가지다. 철학적 주의를 고취해야 한다고 이야기하면, 청년들은 주의라는 명사가 만능이나 되는 것처럼 생각한다. 문제를 중시해야 한다고 이야기하면, 청년들은 별것도 아닌 문제들을 들고 나와 토론을 하려고 한다. 사상을 개조해야 한다고 이야기하면, 앞으로는 철학만 중요하게 생각하고 과학은 거들떠보지도 않겠다고 한다. 만날 책 속에 틀어박혀 사회문제를 경시해서는 안 된다고 하면, 사회운동에만 빠져 공부는 까마득히 팽개쳐버린다.

결혼은 자유의사에 따라서 해야 한다고 하면 연애편지를 정성 들여 써서 이성 친구를 만드는 일을 인생 최고의 중대사로 여긴다. 맹목적으로 숭배하는 우상을 타파해야 한다고 말하면 학술과 인격 면에서 모두 존경을 받을 만한 훌륭한 스승과 좋은 친구들마저도 무시하기 시작한다. 학생은 스스로 움직이는 정신과 자신을 다스리는 힘이 있어야 한다고 말하면 청년들은 규칙을 지키지 않고 훈련도 받으려 하지 않는다. 현재의 정치와 법률에 불합리한 점이 있다고 하면, 모든 법률과 정치를 다 뒤집으려는 망상에 빠진다.

가정의 굴레에서 벗어날 용기가 있어야 한다고 하면, 연로하고 의지할 데 없는 어머니까지 서슴없이 내팽개쳐 버린다. 사회주의, 공산주의를 제창해야 한다고 하면, 친구들이 자신의 생활을 책임져 줘야 한다고 제멋대로 생각해버린다. 청년은 자존감이 있어야 한다고 하면 어떤 권위도 눈에 들어오지 않고 하늘 높은 줄 모르며 자신을 위한 충고조차 받아들이려 하지 않는다. 자본주의의 잉여노동을 반대한다고 말하면 청년들은 직업 관념을 던져버리고 비자본주의적인 잉여노동마저 저주하려 한다. 여자의 인격을 존중해야 한다고 하면, 여자를 신성한 존재로 신격화해서 숭배한다. 사람은 정치적인 동물이기에 정치문제를 수수방관해서는 안 된

다고 하면, 학생단체의 명의를 내세워 모든 행정적, 사법적 조치
까지 간섭하려 든다.

이 말은 좌로도 우로도 기울어지지 않고, 왼쪽으로도 오른쪽
으로도 쓰러지지 않으며, '두 가지 극단을 통해 가장 적절한 점을
찾는다.(주희)'는 중용의 덕을 부정적인 면에서 증명하고 있다. 중
용이란 확실히 삶에 가까우면서도 따라잡기 어려운 경지임을 보
여주고 있다.

【 원 문 】

子曰: 中庸之爲德也, 其至矣乎! 民鮮久矣. (雍也 第六)

【 해 석 】

공자 가라사대 "중용은 덕으로서 최고다! 그러나 사람들에게 이 덕이 부족
한 지 이미 오래되었다."

▌ 살신성인 ▐

의로움을 다해야, 어짊이 최고에 이른다.

惟其義盡, 所以仁至

공자는 살신성인을 제창했다. 맹자는 공자의 뜻을 받들어 목숨을 버리고 의로움을 취하는 사생취의捨生取義를 제창했다.

물고기는 내가 원하는 것이다. 곰의 발바닥 역시 내가 원하는 것이다. 이 두 가지는 함께 얻을 수 없기에 물고기를 버려야 곰 발바닥을 얻을 수 있다. 생명이란 내가 원하는 것이다. 의로움 역시 내가 원하는 것이다. 이 두 가지는 함께 얻을 수 없기에 생명을 버려야 의로움을 얻을 수 있다. 생명 역시 내가 원하는 것이지만 생명보다 더 간절히 얻기 원하는 것이 있으므로 생명에 얽매이지 않는다. 죽음은 내가 싫어하는 것이지만 죽음보다 더 싫어하는 것이 있으므로 화를 만나더라도 피하지 않는다.

만일 내가 얻기 원하는 것이 목숨만한 가치가 없다면, 생명을 얻을 수단을 왜 사용하지 않겠는가? 만일 내가 싫어하는 것이 죽음보다 두렵지 않다면, 죽음을 피할 수 있는 수단을 왜 사용하지 않겠는가? 그러므로 어떤 이는 생명을 얻을 구차한 수단이 있더라도 그것을 사용하지 않고, 화를 피할 불의의 방법이 있더라도 그것을 사용하지 않는다. 이렇게 볼 때, 생명보다 더 가치 있게 여기는 것과 죽음보다 더 두려워하는 것은 현명한 사람의 마음속에만 있는 것이 아니라 모든 사람의 마음속에 있음을 알 수 있다. 다만 현명한 사람은 이 마음을 끝까지 잃어버리지 않을 뿐이다.

바로 이런 정신이 있었기에 중국 역사상 무수한 인자와 지사가 배출될 수 있었다. 그중 가장 대표적인 인물이 바로 남송 말, 원나라에 투항을 거부하다가 살해된 민족영웅 문천상文天祥이다. "자고이래로 죽음을 면한 사람이 누가 있던가! 나라를 위한 일편단심을 남겨 역사를 길이 비추겠네. 人生自古誰無死, 留取丹心照汗青"라는 그의 노래는 이미 공자와 맹자의 명언과 더불어 이 세상에 길이 남게 되었다. 그는 임종 전에 자신의 허리띠에 마지막 시를 적어 자신의 정신을 길러주고 힘을 북돋아 주었던 것이 과연 어떤 것이었는지, 분명히 밝히고 있다.

공자는 어짊을 이루라고 했고, 맹자는 의로움을 취하라고 했다.
의로움을 다할 때만이, 어짊이 최고의 경지에 이른다.
성현의 책을 읽으며 배운 것은 과연 어떤 것인가?

금세와 이후로 부끄러움이 없기만을 바랄 뿐이다!

항일전쟁 시기에 펑쯔카이는 《살신성인》이라는 제목으로 글을 쓴 적이 있다.

살기를 바라고 죽기를 싫어하는 것, 이것은 모든 동물의 본능이며, 인간도 그 동물 중 하나이기에 당연히 동일한 본능을 가지고 있다. 그러나 인간이 살기를 바라고 죽기를 싫어하는 소망은 다른 동물들의 살기를 바라고 죽기를 싫어하는 본능과는 조금 다른 양상을 보인다. 살기를 바라고 죽기를 싫어하는 다른 동물들의 욕망은 무조건적이지만, 그와 동일한 인간의 욕망은 조건적이다. 고대 성현 역시 "사람이 동물과 다른 점은 아주 적다. 人之所以異於禽獸者幾稀"라고 했는데 얼마 안 되는 부분 중의 하나가 바로 이 점이다.

무조건적이란 어떤 것을 말하는가? 먹을 수 있는 음식이 있으면 먹고, 생명을 보존할 수만 있으면 도망치는 것, 그 외에는 어떤 도리도 생각하지 않는 것을 무조건적이라고 한다. 사람 외의 동물들은 모두 이렇다. 개는 고기 뼈다귀 하나를 놓고 으르렁거리며, 고양이는 생선 대가리 하나 때문에 싸운다. 어미 닭이 잡혀가도 병아리는 도망가기에 바쁘고, 어미 돼지가 잡아 먹혀도 새끼 돼지들은 자기 먹고 사는 데만 신경 쓴다. 우리 주위에서 늘 볼 수 있는 현상이 아닌가?

명쾌한 논어, 21세기에 답하다

그렇다면 무엇이 조건적인가? 먹어도 된다는 도리가 있을 때에만 먹으려 하는 것, 살 수 없다는 도리를 알게 되었을 때는 차라리 죽기를 원하는 것을 말한다. 조건은 바로 도리이며, 그렇기에 사람은 도리를 지키는 동물이라고 말하는 것이다. 바보나 파시스트 폭도가 아닌 이상, 이 세상의 모든 사람은 도리를 지키는 동물이다.

작자는 글 중에서 공자의 명언을 인용하며, "자신의 욕망만을 구하고 어짊을 해치는 것은 개인의 욕망만을 탐하고 집단을 돌아보지 않는 것이다. 자신을 버려 어짊을 이루는 것은 개인을 희생함으로써 집단을 보존하는 길이다."라고 말한다. 또한, "사람은 누구나 죽게 마련이므로 몸을 잃는 것은 작은 일이요, 인간의 도를 잃어버리는 것은 이 세상 만인과 역사 만대를 동물 수준으로 전락시키는 것이니 큰 손실이라고 할 수 있다. 어질며 지조 있는 사람은 동정심이 많기 때문에 전체를 먼저 생각할 수 있고, 자신을 버려 어짊을 이룰 수 있다."고 역설한다. 온유하고 인정 많았던 《호생화집護生畫集》의 작자는 자신의 눈앞에서 벌어진 갖가지 국가의 어려움을 목도하며 이렇게 격앙된 말을 토해내고 있다. 당시의 세상사가 그를 이렇게 흥분시켰을 수도 있고, 어쩌면 공자가 끼친 영향이 너무 큰 탓일 수도 있다.

子曰: 志士仁人, 無求生以害仁, 有殺身以成仁.

　　　(衛靈公 第十五)

【 해 석 】

공자 가라사대 "어질고 지조 있는 사람은 자신의 목숨을 구하기 위해 어짊
을 해치지 않고, 자신의 몸을 버려 어짊을 완전히 이룬다."

군자의 세 가지 계율

나이가 들면 탐욕을 피하라.

及其老也, 戒之在得

공자는 인간의 인성을 생리현상과 결부시켜 인생의 단계마다 피해야 할 세 가지 계율을 제시했다. 이 세 계율은 한마디로 핵심을 찌르는 촌철살인이다. 공자는, "어린 시절에는 미성숙한 이성관계를 피하도록 해야 한다."라고 했다. 량치차오의 말을 빌자면 이렇다. "남녀의 몸이 아직 미성숙한데 성생활을 하게 되면 원기를 상하게 되니 해악이 매우 크다. 뿐만 아니라 나이가 들면서 육체의 정욕은 조금씩 사그라지고 자제력은 조금씩 강해지기에 정욕이 어느 정도 절제는 되지만 완전히 정복한 수준은 아니다. 만일 생각도 어리고, 경험도 부족한 청년이 자주 육체 정욕의 쾌락을 탐닉한다면 신세를 망치고 몹쓸 질병의 고초를 겪으며 자기 몸을 상하게 되는 일도 부지기수이다." 역사 역시 우리를 일깨워주고 있다.

야만적인 민족일수록 결혼연령이 빨라지고 문명이 발달한 민족일수록 늦어진다. 여러 통계학자의 의견을 모아보면 이는 너무나 분명한 사실이기에 반박할 수가 없다. 결혼연령의 빠름과 늦음은 신체의 성숙도 및 노화현상과 밀접한 관계를 맺고 있다. 이 두 요소는 서로 원인이 되며 또한 결과가 되기도 한다. 사회학적 공리에 따르면 생물의 진화에는 알맞은 정도가 있는데, 각 생물에 따라 성숙하는 시기도 서로 다르고, 고등동물일수록 성숙에는 많은 시간이 필요하다고 한다. 사람과 동물을 비교하자면, 이르고 늦음이 확연히 드러난다. 비록 같은 인류라 하더라도 역시 마찬가지다. 열등한 사람은 조숙하고 우월한 자는 늦게 성숙하는데, 그 우월의 분류는 종종 결혼시기와 비례를 이룬다. 그러므로 민족의 문명 정도나 야만 정도를 가늠하려면, 결혼시기를 살펴보면 된다. 같은 민족에서도 산골짜기에 사는 비문명인들의 결혼 시기는 도시에 사는 문명인보다 확실히 이르다. 그들의 문명 정도는 항상 도시인들보다는 조금 떨어지게 마련이다. 인과관계에 상응하는 이 도리는 조금의 오차도 생기지 않는다.

두 번째 계율은 상대적으로 쉽게 이해할 수 있다. 그러나 노년이 되어서는 '탐욕을 피해야 한다'라는 말은 처음 두 계율처럼 쉽게 마음에 와 닿지 않는다. 영국 17, 18세기의 위대한 풍자작가요, 《걸리버 여행기》를 쓴 작가인 조나단 스위프트Jonathan Swift는 혈기가 아직 쇠하지 않았을 때에 《내 노년기를 위한 결심Resolutions

When I Come to be Old》이란 책을 썼다. 그 중 몇 가지 내용이 세 번째 계율의 좋은 보충설명이 될 수 있을 것 같다.

탐욕을 부리지 않는다.

독단하거나 자신의 의견을 고집하지 않는다.

말을 많이 하지 않고, 자신의 이야기만 하지 않는다.

같은 사람에게 같은 이야기만 되풀이하지 않는다.

타인이 원하지 않는 한, 경솔하게 건의를 하거나 귀찮게 하지 않는다.

자신이 과거에 얼마나 용감하고 강하고, 여성에게 인기가 많았는지 자랑하지 않는다.

아부를 듣지 않고, 젊은 여인이 자신을 사랑하게 될 것이라는 망상을 버린다.

젊은 아내를 다시 맞지 않는다.

윗글에서 너무나 많은 교훈을 찾아볼 수 있다. 그래서 조나단 스위프트는 때가 되어 사람들이 혐오하는 사람이 되지 않고 마음은 있으나 몸이 따라주지 않는 일을 피하려고, 또 세상 사람들에게 화젯거리 내지는 웃음거리가 되지 않으려고, 노년이 되기 전에 미리 결심을 작성한 것이다.

孔子曰: 君子有三戒: 少之時, 血氣未定, 戒之在色. 及其壯
也, 血氣方剛, 戒之在鬪. 及其老也, 血氣旣衰, 戒
之在得. (季氏 第十六)

【 해 석 】

공자 가라사대 "군자는 세 가지 계율을 지켜야 한다. 어릴 때는 혈기가 부
족하므로, 미성숙한 이성관계를 피해야 한다. 중년이 되면 혈기가 가장 왕
성하므로 싸움을 피해야 한다. 나이가 들면 혈기가 쇠퇴하므로 탐욕을 피
해야 한다."

❦ 안 될 줄 알면서도 하는 시도 ❦

안 될 줄 알지만 끝까지 도전할 수밖에 없다.

只能知其不可而爲之

석문石門은 노나라 외곽지역에 있는 국경검문소였다. 자로는 이웃 나라에 가려고 했으나 날이 이미 저물어 석문에서 하룻밤을 지내야 했다. 그래서 그가 아침저녁으로 성문을 여닫는 문지기와 이런 대화를 하게 된 것이다. 한편, 문지기의 입에서 나온 말은 당시 사람들이 공자에 대해 가졌던, 가장 강렬하고도 가장 인상 깊은 단면을 보여주고 있다. 즉 '안 될 줄 뻔히 알면서도 끝까지 시도하는 사람'이라는 것이다.

공자는 이상을 실현하려는 부푼 꿈을 안고 14년 동안 제자들과 함께 열국을 주유하며 쉴 새 없이 유세했지만 곳곳에서 장애물을 만나고 온갖 고초를 겪어야 했다. 그래서 자로 역시 이것은 '안 되는 길'임을 기정사실로 받아들이고 있었다. 그러나 공자만은 여전히 자신의 견해를 포기하지 않았다. 중국 농민들의 생활을 한 편의 서정시처럼 아름답게 묘사하여 노벨문학상을 수상한 미국 여류작가 펄벅Pearl S. Buck의 말을 빌자면 공자는 꼭 예수 같았다. "사방으로 돌아다니며 가는 곳마다 자신의 추종자를 찾았다. 그는 가난했으며, 오만한 사람과 권세자의 방해, 조소를 받았지만 절대 자신의 뜻을 굽히지 않았고 자신의 신념을 포기하려고 하지 않았다." 루쉰 역시 이렇게 말한다. "공자와 노자가 서로 싸운다면 공자가 이기고 노자는 패한다." 원인은 공자와 노자는 둘 다 부드러움을 숭상하기는 하지만 "공자는 부드러움으로 전진하려는데 반해, 노자는 부드러움으로 후퇴하려 하기 때문이다. 이 핵심적인 차이는 공자는 안 되는 줄 알면서도 끝까지 시도하며 크고 작은 일을 가리지 않고 어떤 일이든 성실한 태도로 실천하는 사람이고, 노자는 '일은 하지 않지만 안 하는 일이 없다'며 아무 일도 하지 않고 큰소리만 치는 허풍장이라는 데에 있다." 왕멍은 루쉰보다 더욱 단호하게 이야기한다.

중국의 고대 언어에서 '안 될 줄 뻔히 알면서도 끝까지 시도한다'라는 말보다 더욱 생생하고 비장감이 넘치는 말도 없다. 과거로부터 현재까지, 각종 원인과 각종 상황에서 역사 속에는 불공정하며 불분명하고 불건전한 상황이 끊임없이 연출되어 왔다. 게다가 어떤 상황은 주관적으로 봐도 힘이 부족하기 때문에 과연 성공할 수 있을지 전혀 장담할 수 없을 때가 많았다. 이럴 때 과연 어떻게 해야 할까? 어려움 앞에서 물러나야 할까? 아니면 어려움을 만나

분연히 앞으로 나아가야 할까? do it, try it 해야 할까, 아니면 멀리서만 바라보고 발걸음을 돌려야 할까?

어진 이들과 지사들, 애국자와 선각자, 혁명가, 대사와 대가들은 모두 올바른 주장이 열세에 놓여있다는 것을 분명히 알고, 정의로운 사업과 깨어있는 사상이 지지받지 못하며, 자신의 힘으로 이 국면을 저항하는 것은 계란으로 바위치기라는 사실을 잘 알고 있으면서도, 여전히 결사의 각오로 '죽으면 죽으리라'라고 결심했으며 성공의 보장이 전혀 없는 가운데도 앞을 향해 달리며 절치부심했다. 안 될 줄 뻔히 안다는 것은, 반드시 실패하고 말거라는 사실과 자신에게 위험이 닥쳐오리라는 사실을 알며, 수많은 사람들에게 이해받지 못할 거라는 것과 처한 환경이 열악하다는 사실을 알면서도, 포기하지 않고 올바른 일을 용감히 실천하며 절대 포기하지 않는다는 것을 말한다.

얼마나 많은 민족의 영웅들이 이렇게 행했던가? 악비, 문천상, 사가법史可法(명대의 정치가)……그들은 모두 한 가닥 희망도 남아 있지 않은 자신의 세대에서 기울어진 대세를 만회하려고 노력하다 비운의 죽음을 맞고 말았다. 여기에는 칸트가 절대명령이라고 부르는 것이 있다. 무조건적이며 비유보적이고 비타협적인 것, 우리는 그들이 다른 선택을 하리라고는 상상할 수조차 없다. 얼마나 많은 혁명지사가 이렇게 행했던가? 치우진秋瑾, 리따자오李大釗 등 공산 혁명지사들은 가장 힘겨운 상황에서도 위대한 대가를 치루기 두려워하지 않았다. 우국충정 때문에 부처의 뼈를 모시려했던 황제를 극력 반대하다 죽음을 맞이한 한유韓愈, 충직한 삶을 살다 파관말직한 해서海瑞 등 지사들은 모두 사람들에게 깊은 감동을 남겨주었다.

과학실험과 과학연구과정에서, 예술창조과정에서, 학술이론 탐구과정에서, 혹은 신이론 체계의 형성과정에서 자신의 인생을 역사의 디딤돌로, 대로를 포장하는 자갈돌로, 시대를 여는 서막으로 삼은 예는 무수히 많다. 그들의 '안 될 줄 알면서도 하는 시도'가 없었더라면 후세인들의 행동하는 양심과 성공도 없었을 것이며, 역사의 전진과 과학의 진보도 없었을 것이고 또한 인류 문명의 축적과 찬란함도 없고, 울고 웃는 역사와 오늘과 미래도 없었을 것이다.

안 될 줄 알면서 시도하는 용기는 천하를 다스리는 일에서뿐만 아니라, 바로 일상생활 속에서도 빼놓을 수 없다.

나는 미덕은 필요한 것이요, 지혜·광명·포부·내적 경지 모두 필요한 것이며 신기한 작용을 발휘한다는 사실을 굳게 믿고 있긴 하지만, 이런 좋은 것들이라고 해서 세상에 나타나자마자 모든 악을 무찌르고 사람들의 인정을 받지는 않는다. 이것들이 힘을 발휘하고 세상에 적용되며 성공하기까지는 과도기가 필요하다. 이 과도기가 시작되기 전, 혹은 도중, 또는 그 후까지도 어떤 이들은 여전히 미덕과 지혜를 끔찍이 싫어할 수 있다. 이유는 아주 간단하다. 당신의 선량함이 오히려 그들의 악독함을 부각시키고, 당신의 지혜가 그들의 어리석고 완고함을 돋보이게 하며, 당신의 넓은 가슴이 그들의 편협함을 드러내고, 당신의 광명이 그들의 어두움을 비춰내며, 당신의 학문, 학구열은 그들의 어리석음과 고집불통, 배우려 들지 않는 무지함을 대조시키기 때문이다.

이렇게 당신의 존재가 악인과 어리석은 사람, 대충대충 사는 사람들의 도전이 되고, 그들에게 엄청난 수치와 부끄러움을 안겨주기 때문에, 당신은 그들 눈에 가시가 되는 것이다. 그렇다면 어떻게 해야 할까? 이런 사람들 때문에 선량하지도 않고, 대충 공부하며 지혜도 광명도 없애고 넓은 가슴도 다 버리고 훌륭하게 살려는 꿈도 포기해야 할까? 어리석음과 악독에 굴복해 버려야 할까? 아니, 그럴 수 없다. 안 될 줄 알지만 계속해서 끝까지 도전하는 길밖에 없다.

이상 두 편의 인용문 중에서 전자는 청춘이 만세를 누릴 수 있다고 믿은 젊은 왕의 이상을 보여주고 있으며, 후자는 당혹스러운 생존환경 속에서 여전히 풍류를 잃지 않는 왕멍의 지혜《청춘만세靑春萬歲》-왕멍의 초기 장편소설. 《당혹스러운 풍류尷尬风流》-만년의 단편소설집)를 잘 보여주고 있다. 전자와 후자의 적용방법에는 약간의 차이가 있긴 하지만, 전·후자는 모두 끝까지 《논어》의 명언으로 일관하고 있다.

子路宿於石門.
晨門曰: 奚自?
子路曰: 自孔氏.
曰: 是知其不可而爲之者與? (憲問 第十四)

【 해 석 】

자로가 석문에서 하룻밤을 보냈는데 문지기가 물었다. "어디서 왔소?" 자로가 대답했다. "공자가 있는 곳에서 왔습니다." 문지기가 말했다. "그 안 될 줄 뻔히 알면서도 끝까지 시도한다는 그 사람 말이오?"

날마다 자기반성하기

눈은 높은 곳을 향해야 한다.

着目不可不高

증자의 이름은 삼參이고, 공자의 제자들 가운데 아주 뛰어난 인재이며, 평생 동안 마음으로 군자를 숭앙하며 자기 수양에 힘썼던 인물이다. 중국 작가 꾸쑤이顧隨는 이런 말을 했다. "눈은 높은 곳을 향해야 하고, 손은 낮은 곳을 향해야 한다." 손은 낮은 곳으로만 뻗치고, 눈을 높은 곳으로 향하지 않는다면 분명 큰 성공을 거둘 수 없다. 눈만 높은 곳에 두고 손은 낮은 곳을 향하지 않는다면 기초는 분명 견고하지 않을 것이다. 그러나 증자는 우리에게 이런 면에서 모범이 되고 있다.

증자의 재능은 그리 뛰어나지 않았을 지도 모른다. 배우는 것도 그리 민첩하지 않았다. 그러나 그는 아주 부지런했으며 노력파였다. 비천한 일을 마다하지 않았고 모든 이에게 친절했다. 이런 정신을 가장 잘 표현하고 이런 능력을 잘 적용한 말이 바로 증자의 "나는 날마다 세 번 자신을 반성한다."라는 말이다. 날마다라는 말은 아주 적절하다. 세 번이란 그 뒤에서 말한 세 가지 항목에서 자신을 자주 반성한다는 말이다. 증자가 말하는 나身란 신체적인 면이 결코 아니며 정신적인 면을 말한다. 나身란 마음과 행동을 말하는 것이다. 이것이 바로 진정 기초가 된다.

사람은 자신을 위해서라면 대개 충실하게 마련이다. 그러나 타인을 위해서라면 어떨까? "타인을 위해 일하며 충성을 다 했는가?" 열 명이면 열 명이 이런 잘못을 범하고 만다. "친구와 사귀며 신용을 지켰는가?" 거짓말은 인류의 본능이라고 한다. 만일 이 본능을 제어하지 않고 놔둔다면 사기꾼밖에 될 수 없다. 그러므로 주의해야 한다.

"스승께서 전수한 가르침을 마음에 새겼는가?" 전수한다는 것은 동사로, 주희는 이런 주를 달았다. "전傳: 스승에게서 받는 것을 말한다. 습習: 이를 자신에게 익숙하도록 하는 것을 말한다." 그러므로 전傳이란 스승이 전달한 것이며, 습習이란 자신이 스스로 연구한 것을 말한다. 말하기는 아주 쉽고 간단하지만, 행하기는 그렇게 녹록하지 않다. 노력하고 또 노력하고, 이 세상에 몇 명이나 되는 사람이 진정한 노력을 기울일 수 있을까? 증자는 진정으로 생각했고, 진정으로 행했다. 결점을 보충하고 약점을 고치는 것, 이것이 바로 증자가 자신을 반성한 목적이었다.

자신에 대해 이렇게 엄격하게 요구하고 끊임없이 반성하는 정신은 후대의 사람들에게 면면히 흘러내려갔다. 다른 것은 이야기하지 않더라도 당대 고문자학 대가인 위싱우于省吾(자신을 반성한다는 뜻), 수학대가인 천싱션陳省身(자신을 반성한다는 뜻)의 이름이 '나는 날마다 세 번 자신을 반성한다'는 말을 재료로 삼아 작명한 것임을 확실히 드러내 준다.

【원문】

曾子曰: 吾日三省吾身, 爲人謀而不忠乎? 與朋友交而不信乎? 傳不習乎? (學而 第一)

【해석】

증자 가로되 "나는 날마다 세 번 내 몸을 살피니, 남을 위해 일하며 충성을 다했는가? 친구와 사귀며 신용을 지켰는가? 스승께서 전수한 가르침을 마음에 새겼는가?"

군자의 명예

사람은 죽어서 이름을 남긴다.

人死留名

비평가 리장즈李長之는 이 구절에서 '공자도 명성에 관심을 보였다' 는 사실을 알아챘지만 얼른 그를 위한 용감한 변호에 나선다. "진 정한 남자라면 명예를 중시하지 않는 사람이 있을까?" 반면 중 국 작가 페이밍廢名은 공자를 더욱 두둔하며 설명하고 있다.

사람은 자신을 기념할 만한 것을 남기려 하기 마련이다. 그래서 '장자' 일파의 달관과 초월은 인지상정에서 벗어나는 것이다. 타고 르Rabindranath Tagore는 살아있는 자들에게는 불멸의 사랑이, 죽 은 자들에게는 불멸의 이름이 남아있기를이라는 글귀를 남긴 적 이 있다. 이는 공자의 뜻을 가장 멋들어지게 표현한 글로서 인생 이야말로 진정 사랑할 만하고 경외할 만하다는 느낌을 준다. 중 국인들의 삶은 항상 무미건조한 것을 좋아했고, 일반 지식인들의 정신세계 역시 마찬가지였다. 기회만 잡았다하면 명예를 좋아하는지 안 좋아하는지를 가지고 사람을 평가하는데 열을 올리는데, 사실 그 명예란 과연 어떤 것일까? 명예를 좋아한다는 것은 또 과연 어떤 것일까?

소박하고 진실한 감정에 입각해 본다면, 명예를 좋아하는 것이 어떻게 꼭 나쁜 일일 수 있을까? 일생을 산 후 자신의 인생에 좋은 명성을 남기겠다는 것은 우리 모두 다른 사람들의 기억 속에 남는 사람이 되고 싶다는 소망을 가졌다는 것 아닌가? 인생은 비록 짧지만 아름다운 이름은 역사에 길이 남게 된다. 대장부라면 누구나 자신의 아름다운 이름을 세상에 널리 알려야 한다. 공자는 말한다. "군자는 한평생이 다하도록 명성을 남기지 못할까만을 걱정한다."

나는 공자가 나와 마찬가지로, 성실하고도 가장 중요한 인생의 진리를 말하고 있다고 믿는다. 왕양명王陽明은 읽을 만한 가치가 없는 삼대 이후의 사람이라는 걸 증명이라도 하듯(하. 상. 주 삼대 이후의 글은 열심히 읽을 필요가 없다고 주장한 한유의 고문운동에 빗댄 말), 생각이 외곬으로 빠져버렸다. 그는 공자 선생의 말을 곡해한 것이다. 그의 해석에 의하면 공자의 말은 "성인이 어찌 명예를 말할 수 있겠는가?"라는 뜻이 된다. 그는 "군자는 한평생이 다하도록 명성을 남기지 못할까만을 걱정한다."라는 말에서 칭稱이란 글자는 걸맞다相稱라는 뜻으로 해석해야 한다고 주장한다. 즉, 죽은 후에 자신의 명성이 너무 커서 실제 인생에 걸맞지 않을까만 걱정한다는 뜻인데, 이런 해석은 얼마나 삭막한가?

이렇게 명예를 위해 온 힘을 다해 간절하게 변호를 하는 것은 드문 일이지만, 그의 말은 정말 기가 막히게 멋있다! 그런데 이렇게 명예를 위해 온 힘을 다해 간절히 변호하며 이토록 명예를 사랑하는 사람이 자신의 호는 '페이밍廢名(이름을 폐한다)'이라고 하다니 이건 더욱 드문 일이며, 더 기가 막히도록 절묘하다! 청나라 초기의 학자 고염무顧炎武는 공자가 말한 중점이 '한 평생이 다하도록'에 있다고 주장한다. "옛사람은 한 평생이 다해도 남을 이름을 구했고 지금 사람들은 한평생의 명예만 추구한다. 내가 어려서부터 나이 들어 만난 사람들 중에 한평생의 명예만 추구하는 사람은 모두 현실의 이익만을 추구했다." 공자가 '한평생이 다하도록' 남을 명예, 즉 죽어서도 남길 명예를 구했다는 해석은 공자의 뜻에 완전히 부합된 것이 아닐 수 있다. 그러나 고염무가 3백 년 전의 당시 사람들에게 한 평가는 지금까지도 완벽히 적용이 가능하다.

【 원 문 】

子曰: 君子疾没世而名不稱焉. (衛靈公 第十五)

【 해 석 】

공자 가라사대 "군자는 한평생이 다하도록 명성을 남기지 못할까만을 걱정한다."

송백의 고결함

추위가 닥쳐와야 송백의 푸름을 알 수 있다.

歲寒松柏猶依然

소나무와 잣나무는 겨울이 되어도 시들지 않는 상록수다. 어떤 이는 여기서 '시든다'라는 말이 낙엽을 가리키는 것이기에 일종의 비유일 뿐 실제 사실과 완전히 맞아떨어지지 않으므로, 다만 마음으로 그 뜻을 깨닫기만 하면 된다고 설명한다.

《장자》양왕讓王편에서는 이와 관련하여 다음과 같은 이야기를 적고 있다. "공자가 제자들을 데리고 열국을 유람하다가 진陳나라와 채蔡나라 국경에서 7일간 머무르게 되었다. 그런데 날마다 산나물국만 끓여먹으며 지내는데도 공자는 여전히 거문고를 뜯으며 노래를 불렀다. 자로는 이 모습에 탄식이 절로 나왔다. "이건 정말 영락없는 가난뱅이의 삶이로군." 그러나 공자는 담담하게 그의 말을 고쳐주며 말했다. "가난이란 도를 제대로 이해하지 못하는 사람들의 마음상태를 형용할 때 쓰는 말이다. 오늘날 내가 인의의 도를 깨우쳤는데도 이 혼란한 세상에서 재난을 만난 것은 가난이 아니라 드문 시련을 당하는 것이라고 봐야 한다."

> 큰 추위가 닥치고 눈서리가 하얗게 쌓인 후에야 나는 소나무와
> 잣나무의 무성함을 알 수 있다. 大寒旣至, 霜雪旣降, 吾是以知松
> 柏之茂也

《논어》의 기록에 작자의 상상력을 더한 이 이야기는 공자 어록을 또 다른 판본으로 설명해주고 있다. 뿐만 아니라 짐작이 가능한 개연성을 제공해줌으로써 참고할 수 있도록 해준다.

사실 참고할 수 있는 명언과 공명정대한 어록은 이 뿐만이 아니다. 공자의 이 구절은 철학적인 의미를 내포하고 있는데다가 시적인 감성도 풍부해서 후세 사람들은 때마다 이 말을 인용했으며 더 나아가 자신만의 독특한 재해석을 내리기도 했다. 예를 들어 《순자荀子》대략大略편에는 이런 글이 있다.

> "큰 추위가 닥쳐오지 않으면 어느 나무가 소나무와 잣나무인지 분
> 별할 수 없다. 큰 일이 닥쳐오지 않으면 누가 군자인지 알 수 없다.
> 歲不寒, 無以知松柏, 事不難, 無以知君子" 《순자荀子》대략大略

> "날씨가 추워진 후에야 소나무와 잣나무가 가장 마지막에 시드는
> 것을 알 수 있다. 온 세상이 혼탁한 후에야 깨끗한 선비가 드러나

게 된다. 歲寒, 然後知松柏之後凋. 擧世混濁, 淸士乃見"《사기》
백이열전伯夷列傳

"큰 추위가 닥치고 눈과 서리가 하얗게 쌓인 때에야 소나무와 잣
나무의 무성함을 알 수 있다. 어려움을 앞두고 위험을 무릅써야
하고 이해관계가 눈앞에 있을 때에야 성인이 도를 잃지 않음을 알
수 있다. 夫大寒至, 霜雪降, 然後知松柏之茂也. 据難履危, 利害
陳於前, 然後知聖人之不失道也."《회남자淮南子》숙진俶眞

정사正史에서 드러나는 제자들의 인용문 외에도 시로 재창작
된 공자의 말은 시적인 감수성을 더하고 있다. 시로 재창작된 글
중에는 당나라 사람 유우석劉禹錫이 쓴《장부여주도출준하류사
이상공將赴汝州途出浚下留辭李相公》이 있다.

장안을 방문한 지 이미 40년. 長安舊遊四十載.
악저에서 작별한 후 십사 년이 흘렀네. 鄂渚一別十四年.
훗날 부귀는 이미 몰락하고 後來富貴已零落.
추위가 닥쳐온 후에야 소나무와 잣나무의 늘 푸름을 알 수 있다
네. 歲寒松柏猶依然.

또한 중국 8대 원수의 하나였던 천이陳毅(중국 공산군 사령관)가 지
은《동야잡영冬夜雜詠》청송靑松에서도 시적인 감상이 드러난다.

큰 눈이 내려 청송을 짓누르는데도 大雪壓靑松

청송은 꼿꼿이 하늘높이 솟았네. 靑松挺且直.

소나무의 고결함을 알고 싶다면 欲知松高潔

이 세상이 눈으로 덮일 때를 기다려야 하리. 待到雪化時.

송나라 사람은 또한 겨울이 되어도 시들지 않는 대나무, 추운 겨울부터 꽃을 피우는 매화와 소나무를 함께 묶어 이 셋을 추운 겨울의 세 벗, 즉 세한삼우歲寒三友라 찬미했다. 지금도 널리 쓰이는 '세한'이라는 말은 물론 공자의 명언에서 유래한 것이다.

【원문】

子曰: 歲寒, 然後知松柏之後凋也. (子罕 第九)

【해석】

공자 가라사대 "날씨가 추워진 후에야 소나무와 잣나무가 가장 마지막에 시드는 것을 알 수 있다."

지혜로운 사람과 어진 사람

어짊에서 평안을 누린다.

安於仁

중국의 현대 철학자 예슈산葉秀山은 말했다.

어진 사람은 산처럼 고요하고 평정하며, 지혜로운 사람은 물처럼 자유롭게 흐른다. 이는 공자가 도가를 지칭하여 한 말이다. 무릇 도가는 물을 숭상하여 평정함을 핵심으로 삼았는데, 공자는 유가야 말로 진정한 평정함이며 산과 같은 평정함으로 오래도록 머물러 장수한다고 말한 것이다.

물을 좋아하는 지혜로운 사람은 물고기가 물속에서 노니는 것처럼 즐거움이 무궁하다. 혹자는 말하기를 뒤의 두 구절이 정치와 관계되어 있다고 한다. 지혜로운 사람의 정치는 화기애애한 즐거움이 샘솟는다. 어진 사람의 정치는 오래도록 평안할 수 있다. 어짊에서 평안을 누린다 安於仁라는 공자의 말을 생각해 보면, 이는 유가의 일관된 주장이다.

《논어》 중의 어록은 대부분 배경이 생략되어 있다. 그래서 독자들은 이 말이 누구에 대해, 어떤 일을 두고 한 말인지 알 수 없어 아리송할 때가 많고, 이 때문에 각종 학설을 전개하기도 한다. 그래서 예수산은 어짊과 지혜의 차이를 통한 유교와 불교의 차이를 이야기했고, 펑여우란馬友蘭은 이를 더욱 확대하여 어짊과 지혜의 차이를 통한 중국과 서양의 차이를 설명했다.《중국철학 간사中國哲學簡史》에서 중국철학의 배경을 설명하면서 펑여우란은 특별히 '해양국가와 대륙국가'라는 절을 만들어 양자 간에 대략적인 비교를 한 적이 있다.

중국인은 대다수가 농민인데, 이것은 중국이 왜 산업혁명을 통해 근대사회로 진입하지 못했는가를 설명하는데 도움이 된다.《열자》에 나오는 이야기에. 송나라의 군주가 한번은 손재주가 아주 뛰어난 장인을 불러 나뭇잎 하나를 주며 그 모양 그대로 옥 잎사귀를 조각하도록 명령했다. 손재주가 뛰어난 장인은 장장 3년에 걸쳐 옥 잎사귀를 조각했는데 조각이 얼마나 생생했던지 진짜 잎사귀와 옥 잎사귀를 구별할 수 있는 사람이 하나도 없을 정도였다. 군왕은 매우 의기양양해졌다.

그러나 열자는 이 소문을 들은 후 이런 평론을 했다. "천하의 살아있는 생물들이 삼년이 지나도록 겨우 잎사귀 하나만 만들어낸다면 세상의 생물들 중에서 잎사귀가 있는 것들은 거의 찾아보기 어려울 것이다." 그의 견해는 자연은 숭상한 반면, 인위적인 행동은 비난하고 있다. 마찬가지로 중국인들은 자연을 사랑하고, 인위적인 것을 비판했으며, 원시의 순수함에 쉽게 만족했다. 또 변혁을 싫어했고 사물의 변화는 상상할 수도 없었다. 중국 역사상 적지 않은 발명과 발견이 있었지만 그 발명과 발견들은 인정받고 격려 받는 대신 비난과 공격을 받아왔다.

그러나 해양 국가에 사는 상인들의 상황은 이와는 완전히 다르다. 그들은 대륙국가에 비해 문화와 풍속이 서로 다른 수많은 민족들을 볼 기회가 많았다. 그들은 변화하는 데 익숙하며 새로운 사물을 전혀 두려워하지 않았다. 게다가 상품을 판매하기 위해서라면 창조했던 상품도 반드시 지속적으로 개선해 나가야 했다. 무역으로 번영을 이룬 영국이라는 해양국가에서 산업혁명이 제일 먼저 일어난 것은 우연이 아니다.

펑여우란의 결론은 이런 것이었다.

우리는 공자의 말을 모방해서 이렇게 말할 수 있다. 해양국가 사람들은 지혜로운 사람이며 대륙국가 사람들은 어진 사람이다. 그리고 공자의 말대로 "지혜로운 사람은 물을 좋아하고, 어진 사람은 산을 좋아한다. 지혜로운 사람은 행동을 좋아하며, 어진 사람은 평정平靜을 좋아한다. 지혜로운 사람은 즐겁고 어진 사람은 장수한다."라고 할 수 있다.

공자의 글을 아주 정확하게 모방한 셈이다.

그렇다면 우리도 '아무리 말해도 끝없이 말할 수 있는 셰익스 피어'라는 서양의 속담을 모방해 이렇게 말할 수 있다. '아무리 말해도 끝없이 말할 수 있는《논어》'라고 말이다.

【원문】

子曰: 知者樂水, 仁者樂山; 知者動, 仁者靜; 知者樂, 仁者 壽. (雍也 第六)

【해석】

공자 가라사대 "지혜로운 사람은 물을 좋아하고, 어진 사람은 산을 좋아 한다.

지혜로운 사람은 행동을 좋아하며, 어진 사람은 평정을 좋아한다.

지혜로운 사람은 즐겁고 어진 사람은 장수한다."

❰ 신중한 말, 민첩한 행동 ❱

어진 사람은 말재간이 없는 듯 보인다.
仁人說話遲鈍

이 제목은 아래의 현대 시인의 노래와 같다.

말의 꽃이여, 크게 피면 필수록
행동의 열매는 작게 열린다.

공자는 현실 속에서, 큰소리치기 좋아하는 사람이 항상 근면
성실한 사람보다 많다고 느꼈기 때문에 전자를 경멸하고 후자를
칭찬한다. 전자에 대해서는 "말을 교묘히 꾸며서 하고 아첨하는
얼굴빛을 지닌 사람치고 어진 사람이 드물다. 巧言令色, 鮮矣仁"
라고 비난했으며, 후자에 대해서는 "강한 의지로 굽히지 않으며,
순박하고 말재간이 없는 사람은 어짊에 가깝다. 剛毅木訥, 近
仁"라는 호평을 내렸다. 그는 옛사람이 말을 함부로 하지 않은 이

유가 말을 해놓고 제대로 실천하지 못할까 두려워했기 때문이며 신용을 지키지 않는 것을 수치로 여겼다고 말했다. 동시에 그는 이런 기풍이 사라진 오늘날의 세태를 안타까워했다.

그의 제자 중 사마우司馬牛 역시 큰소리치기를 좋아했다. 한번은 스승에게 어떻게 하는 것이 진정한 어짊을 실천하는 것이냐고 물었다. 공자는 단도직입적으로 말했다. "어진 사람은 항상 말재간이 없다." 사마우는 이 말에 도저히 승복할 수가 없었다. "말재간이 없는 것이 어진 거라고요?" 공자는 조금도 숨기지 않고 말했다. "행하기 어려운 것이니 말하기는 더 어려운 것 아니겠느냐?" 그러므로 군자는 "신중하게 말하고 민첩하게 행동"해야 한다. 소위 말재간이 없다는 것은 신중하며 사려가 깊다는 뜻이다. 그의 생각은 후대인들에게 깊은 영향을 끼쳤다. 마오쩌둥 역시 두 딸의 이름을 리민李敏(민첩함이란 뜻)과 리네李訥(신중하게 말함이란 뜻, 마오쩌둥이 가명으로 활동하던 시기에 딸을 위해 지은 이름)로 지었을 정도니, 그 영향력을 가히 짐작할 수 있다.

【 원문 】

子曰: 君子欲訥於言, 而敏於行. (里仁 第四)

【 해석 】

공자 가라사대 "군자는 신중하게 말하고 민첩하게 행동한다."

빈곤은 수치가 아니다

최고 경지에 이르러 변함없도록 해야 한다.

止至善

이 말의 뜻과 매우 비슷한 말이 있다. "지식인이 가정생활에 미련을 두면 지식인이 되기에 걸맞지 않다. 士而懷居, 不足以爲士矣"는 말이다. 일개 지식인이 가정생활에 연연해한다면 안일한 삶만을 추구하게 되고, 우수한 지식인으로 성장하기 어려워진다. 이 말은 지식인들이 누려야 할 최소한의 물질생활마저 빼앗아야한다는 뜻이 아니라, 사람의 정신과 힘은 모두 유한하여 버리는 것이 없이는 얻는 것도 없다는 뜻이다. 정신적인 면에 조금 더 집중하고 물질적인 면을 조금 버린다면 결과는 당연히 반대가 될 것이다.

그러나 지식인은 어깨가 무겁고 갈 길은 멀기 때문에 굳세고 강인한 뜻을 가져야만 이 막중한 사명을 감당할 수 있다. 그래서 식생활에서 좋은 음식을 배불리 먹기 바라지 않는 것, 주생활에서 안락한 쉼터를 구하지 않는 것, 오직 진리만을 생각할 뿐 가난함을 생각하지 않는 것, 이 모든 요소는 지식인을 판가름하는 관건이 되었다. 빅토르 위고Victor Marie Hugo는 '물질에 대한 과도한 열정, 이것이 바로 우리 시대의 죄악'이라고 지적한 바 있다.

사람은 물질이 있어야 생존할 수 있고, 이상이 있어야 생활을 논할 수 있다. 그렇다면 생존과 생활의 차이에 대해서 이해했는가? 동물은 생존을 해야 하는 반면, 인간은 생활을 해야 한다.…… 온종일 배불리 먹고 마시는 것 외에도, 더욱 중요한 일이 기다리고 있는 것이다. 동물의 생존 목적이 인간의 인생 목적이 될 수는 없다.

그러므로 인간은 더욱 고상한 소망을 가져야만 한다. 원대한 포부를 가진 사람이 그러하고, 희망이 있는 민족 역시 그러하다. 1935년, 중국 작가 쉬디샨許地山은 베이징 대학에서 한 강연, 〈위대한 민족이 되는 조건〉에서 "위대한 민족은 반드시 다량의 생활필수품이 있다'고 인정하면서도, 또한 '위대한 민족은 반드시 생활을 개선하려는 정당한 이상이 있으며, 물질을 누리는 삶에만 안주하지 않는다."라고 강조했다.

물질생활은 비록 중요하지만 무절제하게 누려서는 안 됩니다. 물질적인 풍요에 빠진 민족은 고상한 이상을 상실하기 때문입니다. 옷 한 벌, 식사 한 끼에서 적당함과 이점만을 추구하고, 물질을 절약하며 생각과 감정을 도야하여 먼 곳을 내다볼 수 있는 안목이 있을 때, 우리는 자신과 우주와의 관계를 깨닫게 됩니다. 인류의 운명은 한정되어 있습니다. 그러나 이 한정된 범위에서 우리는 위를 향하는 의지가 있어야 합니다. 위를 향한다는 것은 모든 것을 알고 모든 것을 행하려는 뜻이 있다는 것입니다. 정말로 그렇게 할 수 있는지는 차치하고, 사람으로서 해야 할 모든 노력을 다해 목표를 추구하는 것을 말합니다. 인간에게 유익하며, 자신이나 타인을 타락시키지 않고 퇴폐적으로 만들지 않는 물질적 풍요는 누려도 됩니다. 위대한 민족은 무익한 애호를 하지 않고, 대중의 마음을 민족의 마음으로 삼았다고 말할 수 있습니다. 고대 사람들이 말한 '사람마다 가지고 있는 아름다운 본성을 밝히 드러내고, 최고의 경지에 이르러 변함이 없도록 해야 한다 明明德, 止至善'는 말이 바로 그런 뜻입니다. 저는 사람이 하늘과 한 몸이 되고, 땅과 같은 덕을 이루는 경지에 이를 수 있다고 믿습니다. 그러나 물질적인 풍요만 누리기 원하고 생각하기는 싫어하는 민족은 이런 일을 꿈도 꿀 수 없을 것입니다.

공자의 말을 들으며 우리는 이렇게 말했다. "한 사람이 어떤 특징을 가졌다면 그 민족도 그와 마찬가지일 것이다." 쉬디샨의 말을 들으며 우리는 또한 이렇게 말할 것이다. "한 민족이 어떤 특징을 가졌다면 그 구성원인 개인도 그러할 것이다."

子曰: 士志於道, 而恥惡衣惡食者, 未足與議也. (里仁 第四)

【해석】

공자 가라사대 "지식인이 도에 뜻을 두면 못 입고 못 먹는 것을 부끄럽게 여기지 않는다. 이를 부끄럽게 여기는 사람하고는 어떤 일도 상의할 가치가 없다."

빈자와 부자

가난하지만 즐거워하며, 부귀하면서 예를 갖추는 것
貧而樂, 富而好禮

자공은 가난한 사람과 부자의 서로 다른 심리가 궁금했다. 그래서 공자께 가난한 사람과 부자가 가져야 할 삶의 준칙에 대해 물어보았다. 공자는 자공의 의견에 긍정적인 반응을 보이기는 했지만 예상 밖에 그의 기준보다 더 높은 기준을 제시했다. 가난하고 비천한 사람은 부유하고 존귀한 사람들에게 아부하며 비위를 맞추지 않는 것 외에도 도를 생각하며 가난을 걱정하지 않는 것이 좋다. 부유하며 존귀한 자들은 가난하며 비천한 자들에 대해 거드름 피우며 잘난 척 하지 않는 것 외에도 적절한 예의를 지키며 도덕에 어긋나는 일을 삼가는 것이 좋다.

가난하고 비천한 자들은 생활이 가난해지면 고귀한 뜻도 사라져 종종 꿈을 향해 달려갈 의지를 잃어버리고 만다. 부유하고 존귀한 자들은 재산이 많아지면 성격도 교만해져 종종 안하무인이 되기 쉽다. 이런 현상이 바로 "가난하고 비천한 사람들은 춥고 배고픈 삶을 두려워하고 부하고 존귀한 사람들은 안일과 쾌락으로 흐르기 쉽다"는 말이다. 주희 역시 이 장에 대해서 매우 상세한 해석을 했다.

아첨이란 비굴함이다. 교만이란 뽐내며 함부로 행동하는 것을 말한다. 보통 사람들은 가난이나 부유에 처하게 되면 자신의 본분을 지킬 줄 모르기 때문에 이 두 가지 극단적인 병폐가 생긴다. 아첨도 교만도 하지 않는 것이야말로 자신의 본분을 지킬 줄 아는 것이며, 가난함과 부유함을 벗어나 다른 잘못에 빠지지 않음을 뜻한다. '그것도 괜찮다'라는 공자의 평가는 괜찮다는 것뿐이지, 완벽하게 좋다는 것은 아니다. 인생을 즐거워하는 삶을 살면 마음이 넓어지고 몸도 편안해져 가난함을 잊게 된다. 예를 지키는 삶은 평안한 마음으로 선을 행하며 기쁜 마음으로 도리를 따라 사는 것이니 자신의 부유함을 인식하지 않게 된다.

주희는 이 주석과 자공의 사업으로 부를 쌓게 된 이력을 연관시키며, 그에게 '나는 힘써 본분을 지켰다'는 우쭐대는 마음이 있었기에 스승님의 칭찬을 바라며 이런 깊이 있는 질문을 생각해 낼 수 있었다고 말한다. 그러나 공자의 대답은 좋다, 나쁘다가 아닌, "할 수 있는 것을 열심히 하되 아직 하지 못한 것을 더욱 힘써 실천하도록 하라."는 것이었다.

子貢曰: 貧而無諂, 富而無驕, 何如?
子曰: 可也. 未若貧而樂, 富而好禮者也. (學而 第一)

【 해 석 】

자공이 물었다. "가난하지만 아첨하지 않고, 부유하지만 교만하지 않은 삶
은 어떻습니까?"
공자 가로되 "그것도 괜찮다. 하지만 가난하면서 여전히 즐거워하며, 부귀
하면서 예를 갖추는 삶보다는 못하다."

❈ 본분을 지켜라 ❈

정도를 넘는 것을 바라지 말아야 한다.

不願呼其外

증자의 말은 공자의 명언 "그 직무를 책임지지 않는다면 그 직무 범위 밖의 일을 생각하지 말라. 不在其位, 不謀其政"를 확장시킨 뜻임을 알 수 있다. 판중꾸이潘重規의 해석을 살펴보자.

군자의 인격요소는 조심스럽고 자신의 본분을 지키는 행동과 명철한 판단, 신중한 사고에 있다. 사고는 반드시 자신의 직위에 근거해야 하며 본분을 넘어서는 생각은 금물이다. 《주역》의 간괘·상사艮卦·象辭에서는 "군자의 생각은 자신의 본분을 넘어서는 안된다. 君子以思不出其位"라고 하며, 《예기禮記》 중용편에서는 "군자는 현재 자신의 본분에 만족하며 행할 일을 행하며 그 이상을 넘어서는 것을 원치 말아야 한다. 君子素其位而行, 不願呼其外"라고 한다. 이 말들은 모두 공자의 말과 상호 보완관계를 이룬다.

사람들이 모두 조심스럽게 행동하며 자기 본분만 지키려 든다면 당연히 사회에 진취성이 부족해지기 마련이다. 그러나 사람들이 모두 자기 본분을 넘어서는 일만 생각한다면 그것 역시 끔찍한 일이 아닐 수 없다. 중국 사회과학원에 소속되어 있으며 항상 이 시대에 대한 탄식을 토해내는 역사학자 진성탄金生嘆은 〈본분이탈越位〉이라는 글에서 이렇게 말한다.

　　증자는 "군자는 문제를 생각할 때 자기 본분을 벗어나지 않는다." 라고 했다. 좌익 시대에는 이런 말을 입에 올렸다간 압제자와 착취자에 세뇌된 노예근성이라고 뭇매를 맞았을 것이다. 지금 생각해보면 그 역시도 단편적인 편견에 지나지 않는다고 본다. 현실 생활을 살펴보면, 관이든 민이든 간에 자신의 위치를 제대로 지키지 않고 허튼 생각을 일삼으며 걸핏하면 자기 본분을 넘어서려는 사람들은 대개 사회에서 받아들여지지 않는다. 축구장만 생각해봐도 오프사이드를 할 경우, 아무리 골인을 시켰다 할지라도 무효 골로 선언하는 원칙에는 재론의 여지가 없다.

　　권력을 이용해 뇌물을 받고, 법을 교묘히 이용하며, 정부情婦를 두는 일 역시 자신의 본분을 지키지 않아 생기는 행동 아닌가? 학술계나 문화계라 할지라도 자기 본분을 넘어서려는 현상은 너무나 쉽게 발견된다. 예를 들어 어떤 기관에서 총무를 담당하던 사람이 있었는데, 학식도 별로 없던 이 사람이 나중에는 놀랍게도 무슨 문화단체의 기관장이란 중책을 맡게 되었다면 이는 본분의 이탈이라고 할 수 있다. 게다가 이 사람이 자기 분수도 제대로 모르고 툭하면 '중요' 대담을 발표하는 짓을 하며, "《시경》은 중국 최초의 산문집이며, 그 중에 실린 〈공작동남비孔雀東南飛〉(육조시대의 작품으로 《한대악부漢代樂賦》에 실린 시)는 대단한 걸작으로 이미지 묘사가 생동감이 넘친다."라는 둥의 허튼 소리를 하는 것은 본분을 벗어난 행동이다.

또 다른 예를 들어보자. 고등학교를 겨우 졸업한 사람이 있었는데 본래는 어떤 기관장의 비서였다가 한 인문연구기관으로 자리를 옮기더니 다시 그곳 책임자 중 한 명이 되었고, 결국 순식간에 박사논문 지도교수가 되었다면 그는 얼마나 박학다식한 인물이라는 것이며, 또 무슨 근거로 학생을 가르치겠다는 것일까? 또 다른 사람은 본래는 이공계열을 공부했는데 지금은 인문과학대학에서 두 가지 전공의 박사 지도교수를 역임하고 이제 또 인류학 박사 지도교수로 임용될 상황에 있다면, 학생들을 잘못 가르치지 않을까 심히 우려되는 상황이다. 이런 사람들이 "군자는 문제를 생각할 때 자신의 본분을 벗어나지 않는다."라는 말을 깨달았다면, 어떻게 그렇게 지나치게 날뛸 수 있으며, 세상에 웃음거리가 될 생각을 할 수 있었을까?

그러나 지금 이 시대에, 앞에서 말한 것 같이 탄식이 절로 나오는 '웃음거리'들이 사라진다면 작게는 〈본분이탈〉같은 날카로운 비평에서부터 크게는 〈관료계 현황 기록〉〈20년간 목도한 괴

현상 기록〉 등 각양각색의 부정부패 보고서 역시 생겨날 토양을 잃게 될 것이다. 그럼 문단은 얼마나 조용하고, 세계는 또 얼마나 재미없을까?

【원문】

曾子曰: 君子思不出其位. (憲問 第十四)

【해석】

증자가 말했다. "군자는 문제를 생각할 때 자신의 본분을 벗어나지 않는다."

사람을 잃는 것과 말을 잃는 것

하지 말아야 할 말을 해버리면 실언이 된다.

不可與言而與言, 失言

중국 철학자 리저허우李澤厚는 이렇게 말했다. "이것은 인생의 보편적인 지혜이지만 실천하기 어렵기 때문에 사람을 잃거나 실언을 하는 경우가 자주 생긴다."

이런 예는 너무 많다. 어떤 때는 지혜로운 사람 역시 예외가 될 수 없다.

1953년, 마지막 유학자라는 이름으로 불리던 량슈밍梁漱溟은 전국 정치협상회의에서 과도기 총 노선에 대해 보고하며, 최근 노동자들의 생활수준은 향상되었으나 농민들은 여전히 생활고에 시달려 국민들에겐 "노동자와 농민의 생활이 하늘과 땅만큼 격차가 난다."라는 원성이 자자하다고 자기 의견을 발표했다. 그러나 그가 의견을 발표하자마자 마오쩌둥毛澤東은 불호령을 내려 그에게 당의 총 노선을 반대하는 사람이라는 죄명을 씌웠고, 량슈밍은 사방에서 쏟아지는 비난을 받았다. 9월 17일에 적은 그의 일기를 살펴보자.

장보쥔章伯鈞이 먼저 일어나 발언했는데 나를 수차례나 지적했다. 이어서 저우언라이周恩來 총리가 단상에 올라 긴 담화를 발표했는데, 지난 일을 들춰내며 내가 반동이라는 이야기로 일관했다. 마오 주석은 그 담화 중간에 세 번이나 끼어들어 말했다. 첫 번째는 "사람들은 당신이 훌륭한 사람이라고 하던데, 내가 보니 당신은 위선자일 뿐이오."였다.

두 번째는 "당신은 칼로 사람을 죽이는 게 아니라 펜으로 사람을 죽이고 있소."였다.

마지막으로는 "이번 정치협상위원에서 당신을 제명하지 않을 거고, 앞으로 정치협상회의에서도 여전히 당신 자리는 남겨놓을 거요. 왜냐고? 사회에는 아직도 당신 같은 사람의 말을 믿는 사람들이 있으니까."라고 했다.

그는 그 다음 날 이렇게 쓰고 있다.

점심 식사 후 회의가 열려, 나는 강단에 올라 아주 강한 어조로 발언했다. "나는 당의 총 노선을 반대한 적이 전혀 없습니다. 주석께서 제가 총 노선을 반대하고 있다고 모함하고 계실 뿐입니다. 오늘 저는 마오 주석께서 저의 말을 받아들여 주실 아량이 있는지 알고 싶습니다." 그러나 내 말이 떨어지기가 무섭게 마오 주석은 냉혹한 목소리로 외쳤다. "내가 알려주지, 나는 그런 아량 없어!" 본래는 내 말을 다 마치고 강단을 내려갈 요량이었는데, 회의장의 군중들이 왁자지껄 들고 일어나더니 내게 강단에서 내려가라고 고함을 치며 더 이상 발언을 하지 못하게 했다.

이 일이 일어난 지 수십 년이 지났고, 량슈밍은 이미 유명을 달리하게 되었다. 그가 일찍이 베이징 대학에서 교수직을 역임할 때 그의 제자였던 장중싱張中行은 언행이 강직했지만 시대의 조류에 영합하지 못했던 이 은사를 추도하며 추도사를 작성했다.

량 선생께서 젊었을 때는 불교를 신봉하셔서 누차 출가하려 하셨지만, 정치에 입문하신 후로는 육식을 하시지 않고 채식을 하시는 생활습관 외에, 상락아정常樂我淨(불교에서 말하는 열반의 네 가지 덕)의 선경에 대해서는 더 이상 꿈꾸지 않는 순수한 유학자가 되셨습니다. 법가와 비교할 때 유가는 이상주의자이며 성선설을 주장하고 사람은 누구나 선량해질 수 있다고 믿는 학파입니다. 그러나 세상은 결단코 선량하지 않으니 이를 어떻게 해야 되겠습니까? 유가가 이 문제를 해결하는 방법도 이상주의적이어서 군주들은 전부 요순처럼 되고 신하들은 전부 제갈이나 위정魏征처럼 되라고 요구합니다. 그러나 그런 희망은 대부분 물거품이 되어버리니 어찌하겠습니까?

이상주의자들은 항상 잠깐 동안은 물거품이 되더라도 결국에는 반드시 승리하게 될 것이라고 믿습니다. 이상주의자는 항상 철두 철미한 이상주의자일 뿐입니다. ……선생님, 저의 불경함을 용서해주시기 바랍니다. 량 선생님이 작고하신 지금, 말도 안 되지만 선생님의 잘못을 끄집어내어 말씀을 좀 드리려고 합니다. 저는 항상 량 선생님을 볼 때마다 선생께서 꼭 좋은 회사에서 만든 안경을 쓰고 계신 것 같았습니다. 그래서 공자나 맹자를 보고도 좋다고 하셨고, 예전 같지 않은 인심을 가진 사람들을 보고도 좋다고 하셨습니다. 선생께서 본 사람은 전부 좋다고 하셨습니다. 그런데 선생님 안경 속에 좋다고 비쳤던 그 많은 좋은 사람들이 전부 작당해서 선생을 비판해댔습니다. 왜냐하면 선생께서는 자신의 행동을 전혀 위장하지 않는 공자의 제자이셨기 때문입니다. 공자는 벌써 죽어서 붙잡을 수가 없으니까 사람들은 애꿎은 공자의 제자만 비판해댔습니다.

선생은 정말 량슈밍이란 이름에 부끄럽지 않은 분이셨습니다. 방법은 달라도 목적지는 같다는 수많은 비판 의견을 다 경청하신 후에, 규정대로 "교훈을 얻었다."라고 하시며 모두가 다 아는 그 유명한 말씀을 하셨습니다. "삼군의 군대에서 장수는 **빼앗**을 수 있을지언정, 필부의 뜻은 **빼앗**을 수 없다."(三軍可奪帥, 匹夫不可奪志, 이 글은 《논어》 자한편의 글로서, 공자를 비판하지 않았다는 이유로 량슈밍이 공산 정부에 8개월간 비판을 당한 뒤 전한 단호한 감상이다) 이제 시간이 흐르고 상황도 변해 지금 많은 사람이 감탄하고 있습니다. 저는 선생이 분명한 이상은 있으셨지만 《논어》에서 인용한 글은 약간 부족한 감이 있다고 생각합니다. 선생은 어떤 글을 더 인용하셨어야 할까요? 이런 두 마디를 더 인용하셨어야 할 것입니다. 한 마디는 "내 도가 이미 통하지 않음을 나는 알고 있다. 道之不行, 已知之矣"라는 말이고 또 한 마디는 "하지 말아야 할 말을 참지 않고 해버리면 말실수를 하게 된다."는 것입니다. 이건 량 선생님이 진정한 이상주의자이며, 심지어 공상주의자라는 증거일 것입니다."

침착한 필치로 침통한 심경을 써내려간 량슈밍의 기념문은 개성이 넘친다. 그와 함께 《논어》에서 뽑은 상황에 꼭 맞는 인용문들은 전체 글에 화룡점정의 역할을 해주고 있다.

【 원문 】

子曰: 可與言而不與之言, 失人; 不可與言而與言, 失言. 智者不失人, 亦不失言. (衛靈公 第十五)

【 해석 】

공자 가라사대 "말할 수도 있는데 말해주지 않으면 사람을 잃게 된다. 하지 말아야 할 말을 참지 않고 해버리면 말실수를 하게 된다. 사람에게도 실수하지 않을 뿐 아니라 말실수도 하지 않는다.

⚡ 공자와 아들의 대화 ⚡

군자는 자녀를 편애하지 않는다.

君子之遠其子也

백어伯魚는 공자의 아들 공리孔鯉의 자이다.《공자가어孔子家語》의 기록을 살펴보면, 그가 출생했을 때, 노나라 소공昭公으로부터 잉어를 선물 받았기 때문에 공자는 이에 대한 감사의 표시로 아이의 "이름을 鯉(잉어 리)라고 하고 자는 백어라 했다"라고 전한다. 당시의 예의범절에 의하면 공자 같은 신분의 사람은 "의심쩍은 일을 피하고 서로 존중하기 위해" 부자父子가 따로 살았다고 한다. 공자와 친아들 간의 접촉이 다른 학생들보다 많지는 않았다는 사실은 공리의 대답을 통해서도 대략 추측해 볼 수 있다.

본 장은 문답이 완벽하고, 함의도 독특하기 때문에 문학가들의 큰 환영을 받고 있다. 작가 페이밍은 이렇게 말했다.

나는 《논어》의 이 부분을 참 좋아한다. 공자의 교육이 참으로 솔직하고 진실하게 느껴지기 때문이다. 진항陳亢 이 사람은 매우 성실한 사람이다. 백어 역시 특별히 사랑스럽다. 과연 공자의 아들답고, 공자 역시 그 아버지답다. 아버지가 《시경》을 배웠느냐고 물어보자 백어는 배운 적이 없다고 대답하고, 집으로 돌아가 시를 공부하기 시작한다. 어느 날 또 아버지께서 예를 배웠느냐고 묻자 배운 적이 없다고 대답하고 집으로 돌아가 곧 예를 배우기 시작한다. 그는 이 말을 아주 예의바르게 진항에게 알려주고 말이 끝날 무렵에는 진지한 태도로 한 마디를 덧붙인다. "이렇게 두 번이 전부입니다." 진항은 여기서 꼭 시골 촌사람처럼 등장한다. 사형에게 "아버지께 특별한 가르침을 받은 적이 있습니까?"라는 한 마디를 물어보고 나중에는 꼭 대학교 강의실에서 수업 하나를 몰래 챙겨듣고 기뻐 어쩔 줄 몰라 하는 청강생처럼 자신이 느낀 점을 솔직하게 털어놓는다.

그는 이 대목을 너무나 사랑하기에 못 다한 말도 많았다. 심지어 진항이 너무나 기쁜 나머지 마지막에 털어놓은 말을 과연 누구에게 했는지 사실을 확인할 길이 없다고 한탄하기까지 했다. 과연 누구에게 이 말을 했을까? 페이밍이 조금은 과도하게 집착하는 듯하기도 하다. 하지만 그런 열정이 없다면 너무나 사랑한다고 말할 수 없는 것 아닌가? 양즈수이揚之水는 말한다.

진항은 아주 솔직한 질문을 했고, 백어의 대답 역시 진솔했다. 묻는 사람이나 답하는 사람의 뜻이 모두 사랑스러워, "멀리서 볼 때는 근엄해 보이는데, 가까이서 보면 온화하고, 말하는 것을 들으면 조금도 빈틈이 없는 望之儼然, 即之也溫, 聽其言也厲" 공자의 모습이 대화 가운데 잘 드러난다. 이 대화에서 나타나는 사람과 사람 간의 정은 은근한 기쁨까지 느끼게 해 주며, 이 기쁨은 평범한 진실과 소박한 언어 사이에서 뛰놀고 있다. 진항은 본래 호기심으로 물어보았으나 예상치 못했던 소득을 얻게 되자 매우 기뻐했다. "군자는 자녀만 편애하지 않는다."라는 말에서 편애하지 않는다(遠)는 것은 '사랑하지 않는다'는 뜻이 아니라 '평소처럼 대한다'는 뜻이기에 당연히 그 안에는 친밀한 애정이 녹아들어 있는 것이다.

평범한 진실과 소박한 언어 가운데서 인간적인 정과 즐거움을 느낄 수 있다. 이 원칙으로 우리는 경전의 뜻만 해석하는 데에 그치지 않고 《논어》 전체를 세심하게 감상할 수 있는 방법을 터득할 수 있다.

【원문】

陳亢問於伯魚曰: 子亦有異聞乎?

對曰: 未也. 嘗獨立, 鯉趨而過庭. 曰: 學詩乎? 對曰: 未也.
不學詩, 無以言. 鯉退而學詩. 他日, 又獨立, 鯉趨而過庭. 鯉
曰: 學禮乎? 對曰: 未也. 不學禮, 無以立. 鯉退而學禮. 聞斯
二者. 陳亢退而喜曰: 問一得三: 聞詩, 問禮, 又聞君子之遠
其子也. (季氏 第十六)

【해석】

진항이 공리에게 물었다. "아버지께 특별한 가르침을 받은 적이 있습니
까?"

공리가 대답했다. "없습니다. 하루는 아버지께서 서 계시길래 종종걸음으
로 마당을 지나갔습니다. 그랬더니 아버지께서 '《시경》을 배웠느냐?'고 물
으셨습니다. 제가 '아직입니다.'라고 대답했더니 '《시경》을 배우지 않으면
아무것도 이야기할 수 없느니라.'라고 하셨습니다. 그래서 저는 돌아가 《시
경》을 공부하기 시작했습니다. 또 어느 날 아버지께서 서 계시길래 종종걸
음으로 마당을 가로질러갔습니다. 그랬더니 아버지께서 '《예禮》는 배웠느
냐?'고 물으셨습니다. 제가 '아직입니다.'라고 대답했더니 '《예》를 배우지 않
으면 자립을 할 근본이 없느니라.' 고 하셨습니다. 그래서 저는 돌아가 《예》
를 공부하게 되었습니다. 이렇게 두 번 말씀을 들은 것이 전부입니다.

진항은 돌아가 기뻐하며 말했다. "한 가지 질문 밖에 하지 않았는데 성과
를 세 가지나 얻었군. 시를 공부하는 이유와 예를 공부하는 이유를 알게
되었고, 군자는 자기 자녀만 편애하지 않는다는 것도 알게 되었군."

안빈낙도

근심걱정이 어디서 오는지 잘 살펴보라.

諦觀懷來何方

생활이 간단하고 가난하기가 이 정도인데도 공자는 그 삶 속에 즐거움이 있다고 말한다. 《주자어류朱子語類》에서 주희는 말한다. "이 즐거움은 가난과는 전혀 상관이 없는 별개의 즐거움이다. 예를 들어 기가 왕성한 사람은 더위를 만나도, 추위를 만나도 두려워하지 않지만 기가 약한 사람은 반드시 환경의 영향을 받게 되는 것과 마찬가지다." 즐거움의 여부는 물질적인 환경에 따라 결정되는 것이 아니라 마음의 의지에 따라 결정되며, 기본적으로 사람 됨됨이에 따라 결정된다. 명나라 사람 초횡焦竑은 《필승筆乘》에서 이렇게 말했다.

> 냉수를 마시고 팔베개를 하는 삶, 대나무 소쿠리 밥에 바가지 물을 먹고 누추한 동네에서 사는 삶. 공자와 안연은 너무나 가난한

삶을 살았다. 그런데도 한 사람은 그 삶 속에 즐거움이 있다고 하고 또 한 사람은 그 즐거움을 다른 것과 맞바꾸지 않겠다고 했다. 이런 마음을 어떻게 억지로 꾸며낼 수 있을까? 억지로는 즐겁다고 말할 수 없고, 억지로는 오랫동안 지속할 수 없다. 즉, 공자와 안연이 즐거워했던 데에는 반드시 이유가 있는 것이다. 주무숙周茂叔이 이정二程에게 공자와 안연의 즐거움을 찾으라 한 것은 공자와 안연에게서 즐거움을 찾으라는 뜻이 아니고 스스로에게서 즐거움을 찾으라는 뜻이다. 어떤 이는 말하길 "내 마음에 근심 걱정이 가득한데 무슨 즐거움이 있겠습니까?" 라고 하지만 그는 이렇게 대답한다. "우선 근심걱정이 어디서 오는지 자세히 살펴보고 그 상황이 어떤가 알아야 한다. 집착하는 것이 있지 않고서야, 어떻게 그 집착이 생길 수 있는가? 그러므로 육체의 욕심을 온전히 없애고 모든 가로막는 것을 없애면, 슬픔이 즐거움이 되는 것은 순식간의 문제다."

그의 말은 큰 깨달음을 준다. 글 중에서 언급한 주무숙은 바로 이학의 대가인 정호程顥, 정이程頤의 스승이자, 황정견이 '마음 속이 멋들어지기가 비가 그치고 날이 갠 후의 공기 맑고 달 밝은 모습 같은 사람'이라고 극찬을 한 북송시대의 철학가 주돈이周敦頤다.

子曰: 飯疏食飲水, 曲肱而枕之, 樂亦在其中矣. 不義而富且
貴, 於我如浮雲. (述而 第七)

【 해 석 】

공자 가라사대 "거친 음식을 먹고 냉수를 마시며 팔을 굽혀 베개를 삼으니
그 삶 속에 즐거움이 있다. 불의의 수단을 써서 얻은 부귀영화는 내게는 뜬
구름과 같다."

슬픈 날은 노래하지 않는다

인에 의지하고 예에 노닐어라.

依於仁遊於藝

공자는 음악을 매우 좋아했다. 《논어》에는 그가 소악韶樂(요순시대의 음악)을 듣고는 3개월 동안 고기 먹는 맛을 잃어버렸다는 기록이 나와 있을 정도니 말이다. 또한 노래도 좋아해서 《논어》에는 공자가 다른 사람과 함께 노래를 부르다가도 다른 사람이 노래를 잘 하면 다시 한 번 부르게 하고 자기도 따라 불렀다는 기록이 있다. 공자는 음악을 보통 취미 정도로 좋아한 게 아니라 열광적인 마니아의 수준으로 좋아한 것이다.

그러나 장례식에 갔다가 슬피 울고 난 후에는 그날 하루 동안 다시 노래하지 않았다고 한다. 이는 당시 예의에도 부합하는 것이었지만 사람의 일반적인 감정에도 부합하는 행동이다. 만일 이런 감정이 진정에서 우러나온 것이라면 말이다. 《예기》 곡례曲禮편은 "슬피 운 날은 노래하지 않는다."라고 말하고, 《단궁檀弓》편에는 "죽은 자를 조문하고 오면 그 날은 음악을 즐기지 않는다."라고 했다. 정쉔자鄭玄甲는 그 뜻을 해석하며, "하루 안에 슬퍼서 우는 일도 있고 기뻐서 노래를 부르는 일도 있다면 울고 웃는 정서의 변화가 너무 많아 종잡을 수 없게 된다."고 한다. 이제는 너무나 일상적이어서 형식에 치우치고 있는 오늘날의 추도의식을 살펴봐도 오후에는 슬퍼 죽을 것처럼 우거지상을 하고 있다가도 저녁 식사시간만 되면 웃고 떠들며 이야기꽃을 피우는 사람들을 적지 않게 발견할 수 있다. 인정이 메마르고 미풍양속이 사라져 가는 오늘날의 세태를 잘 알 수 있는 대목이다.

【 원 문 】

子於是日哭, 則不歌. (術而 第七)

【 해 석 】

공자는 슬피 운 날에는 다시 노래하지 않았다.

〖 해와 달처럼 〗

공자는 해와 달 같아서 넘어설 수가 없다.

仲尼, 日月也, 無得而逾焉.

노나라의 대부 숙손무숙叔孫武叔의 비방에 대해 자공은 과장이 섞인 비유를 들며 거센 반격을 시도했다. 이는 천칭의 기울어진 팔 끝을 완전히 바꾸는 결정적인 역할을 하면서 공자를 의도적으로 우상화하는 선례를 세웠다. 역사학자인 주웨이정朱維錚의 설명에 의하면 공자의 죽음에서부터 동한시대까지, 공자의 이미지는 네 번 변신했고, 결국 사람에서 신의 경지로 신격화되었다고 한다.

자공이 철저한 하수인 노릇을 하는 가운데, 공자는 일반적인 현자에서 순식간에 초월적인 현자로 탈바꿈한다. 그 후, 맹자가 발단을 제공하고 순자가 이미지 메이킹을 하면서 공자는 단순한 현자의 이미지에서 능력으로는 세상의 왕과 제후들을 압도함에도 불구하고 인간 세상에서 득세하지 못하는 성인의 이미지로 또 한 번 변신한다. 또, 동중서董仲舒(전한의 유학자)가 선창을 하고 서한의 금문今文 박사들이 화답하는 가운데 공자는 다시 한 번, 뜻을 이루지 못한 성인으로 변신한다. 세 번의 변신 후, 공자는 하늘의 계시를 받아 한나라를 위해 법을 제정하는 소왕素王이 된다. 즉, 왕망王莽(전한의 권력을 찬탈하여 신新나라의 황제가 된 이)이 앞서서 찬조를 해 주고, 유수劉秀(후한의 초대 황제 광무제의 이름)가 뒤에서 제창을 하면서 공자는 하늘의 뜻을 받들어 한나라 왕조에 법전을 제정한 소왕이 된 것이다. 네 번째 변신 후에 공자는 하늘의 모든 뜻을 전달하는 교주로 탈바꿈하게 되었다.

이후 기나긴 역사 속에서 각종 요소들의 영향을 받으며 공자의 이미지는 더욱 변화무쌍해졌다. "그의 몸값은 시도 때도 없이 등락하고 인격은 위아래로 요동쳤으며 봉호封號는 수없이 변하고 역할에는 각종 평가가 엇갈렸다." 진정한 공자의 모습이 아닌 가짜 공자의 모습을 조작하면서, 역사 속에서 드러나는 공자의 겉모습은 공자의 역사를 장식했다. 공자의 숭배와 비방은 2천5백여 년 동안 더욱 격렬해졌으며 서로는 서로의 상호작용과 인과작용 요소가 되었다. 무의식중에 혹은 선의 가운데 행해지는 과장들은 오히려 사람들의 반감을 샀으니, 꿍꿍이가 훤히 들여다보이는 권세자 내지는 권세자가 되고 싶은 사람들이 나불대는 선전은 더 말할 필요도 없었다. 루쉰은 위안스카이袁世凱, 쑨추안팡孫傳

芳, 장쫑창張宗昌 같은 역적들이나 죄질이 나쁜 작자들까지 모두 공자의 이름을 들먹이며 권력을 찬탈하고 자신의 통치를 공고히 하는 수단으로 삼으려 했다며, 이는 공자의 편에서는 아무리 재수가 없다 해도 당연한 일이라고 말했다.

이 세 사람은 모두 공자를 출세의 수단으로 삼으려 했지만 공자와 다른 시대차를 감안하지 않았기에 모두 완벽한 실패로 끝나고 말았다. 그러나 이 때문에 자기만 실패하면 그만일 일을 공자까지 연루시켜 공자를 더 큰 비극에 빠지게 했다. 그들은 모두 글자도 제대로 떼지 못한 사람들인데도 《13경+三經》을 논하며 허세를 부리려 했다.

(어디 이 뿐인가? 그 밖에도 루쉰은 이미 수없이 많은 재물과 첩을 거느렸던 장쫑창은 《13경》 목판을 새로이 파게 했고, "또한 성스러운 도를 육체적인 관계를 통해 전염되는 화류병花柳病이나 되는 양, 공자의 후손 누구라도 하나 엮어 자신의 사위로 삼으려 했다"고 알려준다.)

그래서 사람들은 우습기만 할 뿐이었다. 그들의 말과 행동이 너무 맞지 않기 때문에 더욱 혐오했던 것이다. 이미 승려와 가사袈裟를 너무나 혐오한데다가 공자까지도 한 개인의 목적을 이루는 도구로 철저히 이용당하자 사람들은 현실을 똑똑히 볼 수 있게 되었다. 그리하여 권세자들의 욕망을 타도하려 했으며 이 기세는 점점 더 왕성해졌다. 그래서 공자를 장엄하게 꾸미면 꾸밀수록 그의 결점을 밝혀내는 논문과 작품들은 반드시 나타나게 마련이었다. 공자라도 결점은 있게 마련이라는 관점은 평소라면 누구라도 상관하지 않을 내용이었다. 성인도 사람이고 본래는 다 용서가 필요한 존재기 때문이다. 그러나 만일 이 성인을 좇는다는 무리가 나타나 '성인은 이렇다는 둥, 저렇다는 둥, 그러니까 너희들도 꼭 이렇게 해야 한다는 둥', 말도 안 되는 일장 연설을 한 바탕 늘어놓는다면 사람들도 고소를 감출 수 없는 것이 당연한 이치다.

이렇게 숭어와 망둥이가 함께 펄떡이며 악인과 선인이 한데 섞여 있었지만, 공자의 역사와 역사속의 공자는 모두 똑같이 중국 역사 속에서 중요한 한 부분을 차지하고 있다. 어느 서양 역사가는 "근대 철학사에서 어떤 이는 칸트를 추종하고, 어떤 이는 칸트에 반박하는 이론을 세웠지만 그 어떤 이도 그의 학설을 완벽하게 이해할 수 없었다."라고 말했다. 공자 역시 마찬가지다. 현대 철학자 장다이녠張岱年은 말년에 "공자를 존경하던 시대는 지나갔고, 공자를 비평하던 시대도 지나갔다. 현대에는 공자를 과학적, 객관적으로 평가하는 시대가 도래했다."고 외쳤다.

이 동경이 하루 빨리 실현될 날이 오기를 바랄 뿐이다.

叔孫武叔毁仲尼.

子貢曰: 無以爲也! 仲尼不可毁也. 他人之賢者, 丘陵也, 猶
可逾也: 仲尼, 日月也, 無得而逾焉. 人雖欲自絶, 其
何傷於日月乎? 多見其不知量也. (子張 第十九)

【해석】

숙손무숙이 공자를 비방하자 자공이 말했다. "이런 일은 할 필요가 없으
실 텐데요! 공자는 절대 비방을 받을 수 없습니다. 다른 현자들은 언덕 같
아 넘어설 수 있지만 공자는 해와 달 같아 넘어설 수가 없지요. 어떤 이는
해와 달과 관계를 끊으려고 하지만 그게 해와 달에 무슨 해가 되겠습니까?
자신의 무지만 드러낼 뿐이지요."

‖ 3부 ‖

깨달음의 이치

명쾌한 논어,
21세기에 답하다

도를 들으면 죽어도 좋다

명분이 바르지 않으면 도리가 통하지 않는다.

名不正則言不順

사람은 문화를 가진 존재다. 즉, 도를 들을 수 있는 동물이다. 문화가 없으면 도를 들은 적이 없다는 뜻이며, 동물이나 다름없다. 인간만의 독특한 의의와 가치는 전혀 드러날 수가 없고 살아있어도 죽은 것과 마찬가지다. 바로 이런 의미에서 명나라의 사상가인 이지는 이렇게 말했다.

"유가와 도가, 석가모니의 학문은 하나이며, 그 초기에는 모두 도를 듣기 원한다. 도를 듣고 나면, 죽음도 달게 받을 수 있기에 아침에 도를 들으면 저녁에 죽어도 여한이 없다고 말하는 것이다."

청대의 사상가 위원魏源도 이렇게 말했다.

"인간으로서 도를 듣지 못하고 죽는다면 아침에 태어나서 저녁에 죽는 하루살이 목숨과 다를 것이 무엇인가?"

도를 깨닫기 위해 이렇게 온몸으로 힘써 도를 구한 사람들은 역사적으로 적지 않다. 《한서漢書》에 의하면 한漢 선제宣帝가 처음에 즉위했을 때, 무제武帝의 종묘악을 제정하겠노라고 조서를 내렸는데 유명한 유학자였던 하후승夏侯勝은 무제가 "백성을 죽였으며, 백성의 재정을 파탄내고 분별없이 사치를 즐기므로 천하가 텅텅 비고 재화가 고갈되게 하였다."라는 이유로 공개적인 반대를 했다고 한다. 결국 하후승은 황제의 조서를 비난하고 전임 황제를 모함했다는 이유로 감옥에 갇히게 되었다. 그와 함께 체포된 사람 중에는 아직 죄목이 정해지지 않은 상태였던 승상장사丞相長史 황패黃覇가 있었다. 감옥 안에서 그의 행적은 이러했다.

황패는 하후승으로부터 경전의 진리를 전수받고 싶어 했으나 하후승은 죄로 죽을 몸이라며 극구 사양했다. 그러자 황패는 이렇게 말했다 "아침에 도를 들으면 저녁에 죽어도 여한이 없습니다." 하후승은 그 말이 현명하다고 여겨 결국 그에게 자신의 도를 전수해 주었다.

이와 비슷한 내용은 명나라 사람 초횡焦竑이 쓴 《옥당총서玉堂叢書》에도 나타나 있다.

석수石首 사람 양문楊文은 황제가 직접 판결하는 금의옥錦衣獄에 갇혀 죽음을 한 발짝 앞에 두게 되었다. 그러나 양문은 열심히 책을 읽기에만 몰두했다. 같이 감옥에 갇힌 죄수들은 그를 비웃으며 "상황이 이 지경이 되었는데 책을 읽는 게 무슨 소용인가?"라고 조롱했지만, 그는 오히려 "아침에 도를 들으면 저녁에 죽어도 여한이 없다."라고 대답했다.

공자는 죽음이나 단명短命 등의 단어를 일부러 피해 가려 하지 않았다. 솔직한 언어야말로 진리에 통달한 공자의 태도를 잘 보여주고 있다. 첸중슈錢鍾書는 공자의 이런 점을 높이 추앙한 사람이었다.

석가와 노자의 말씀은 비록 달관한 면이 있지만, 마음속에는 여전히 생사에 대한 아쉬움이 남아 있기 때문에 자기가설과 자기위로가 필요하다. 장자가 소위 말하는 현해懸解(거꾸로 매달린 것이 풀린다는 뜻으로, 생사의 고락을 초월함을 이르는 말)나 불도에서 말하는 해탈은 사실 모두 부질없는 일이다. 생사에 대한 아쉬움이 여전히 마음을 가로막고 방해하고 있다면 달관을 해봐야 무슨 소용일까? 머릿속에 끝까지 생사의 고난을 염두에 두고 있다면 해탈해봐야 무슨 필요가 있을까? 생사의 집착은 깨뜨려려 할 것이며, 비록 깨지지 않는다 하더라도 깨버려야 한다. 생사의 구별은 잊어 버려야 할 것이며 비록 즉시 잊어버릴 수 없더라도 잊어 버려야 한다.

송나라 유학자가 말한 마음에서 털어버렸으나 마음이 아직 털어내지 못한 것이 바로 이런 뜻이다. 《논어》이인里仁에서 공자는 "아침에 도를 들으면 저녁에 죽어도 여한이 없다."라고 말한다. 죽으면 끝이라는 것을 잘 알면서도 가식이나 위선도 없고, 자기 자랑이나 허세도 부리지 않으며, 교활하게 피하려 들지도 않으니 이야말로 진정 죽음까지 초월한 태도라고 할 수 있다.

미학자 왕자오원王朝聞은 만년에 모임에 참석하거나 강단에 오르기만 하면, 거의 예외 없이 '왕차오원(朝는 두 개의 음을 갖는데, '차오'로 읽을 경우 왕조, '자오'로 읽을 경우 아침이라는 뜻이 된다) 선생'으로 소개되었다. 왕자오원은 참다 참다 더 이상 참을 수가 없어 결국에는 자신의 이름에 대해 특별한 해명을 하기에 이르렀다. "제 이름은 왕자오원이지, 왕차오원이 아닙니다." 그의 본명은 왕자오원王昭文이었으나 청년시절 항저우 국립 미술 전문학교에 다닐 때 동명이인이 있어 《논어》에 나오는 구절 중 앞 두 글자로 새 이름을 지은 것이다. 독음을 변하지 않으면서도 이름을 통해 좀 더 큰 의미를 전달하려는 의도였다. 그런데 지금 사람들은 자기 이름의 뜻도 전혀 모를 뿐 아니라 이름마저 틀리게 읽고 있으니 듣기에 거슬릴 뿐 아니라 고심 끝에 지은 이름의 뜻까지 버리게 된 것이다. 이름 주인이 왜 그렇게 답답해했는지, 충분히 이해가 가고도 남는다. 바로 다음과 같은 상황일 것이다.

명분이 바르지 않으면 도리가 통하지 않으며 名不正則言不順

이런 것도 참는다면 세상에 못 참을 게 어디 있겠는가? 是可忍
孰不可忍

지식을 탐구하는 도

아는 것은 안다고 하고 모르는 것은 모른다고 하라.

知之爲知之, 不知爲不知

자로子路라는 자를 가진 중유仲由는 성격이 솔직하면서도 거칠고, 체면치레를 좋아해서 공자의 꾸지람을 들었다. "지식을 탐구하는 도는 아는 것은 안다고 하고, 모르는 것은 모른다고 하는 데에 있다." 모르는 것도 안다고 하는 것은 자기를 속이는 일 아니면 타인을 속이는 일에 불과하다. 잠시는 허위의 가면을 쓸 수 있지만 실제적인 발전은 기대할 수 없기 때문이다. 주쯔칭朱自淸은 《모릅니다不知道》라는 글에서 이렇게 말한다.

자신이 모른다는 사실을 알고 있으며, 타인에게 자신의 무지를 밝히는 것, 이것이 진실함이요, 용감함이다. 공자는 "이것이 지식을 탐구하는 도니라."라고 말했다. 여기서 모른다는 말은 사실 '정말 알고 있다'는 뜻이다. 적어도 자신에 대해서는 진실하게 알고 있으니 자기를 아는 지혜로운 사람인 셈이다.

공자가 말한 두 구절은 대대로 수많은 사람들에 의해서 끊임없이 인용되었다. 위로는 서한시대의 한영韓嬰이 경전의 뜻을 해석한 《한시외전韓詩外傳》에서 그 예를 찾을 수 있다. "아는 것을 안다고 하고, 모르는 것을 모른다고 하면, 안으로는 자신을 속이지 않고 밖으로는 타인을 중상하지 않게 된다." 아래로는 청나라의 이어李漁가 쓴 《한정우기閑情偶寄》 기완부器玩部의 글에서 예를 찾을 수 있다. "아는 것을 안다고 하고 모르는 것을 모른다고 하는 것은 성현들의 속이지 않는 미덕이며, 작은 일이라도 소홀히 하지 않는 정신을 뜻한다."

공자의 이 말은 지금은 누구나 잘 알고 있는 격언이 되었다. 그러나 이 말을 정말로 실천하려면 첫째는 자신의 무지를 인정하는 용기가 필요하고, 둘째는 자신의 무지를 깨닫는 지혜가 필요하다. 그래서 이 말은 하기는 쉽지만 실천하기는 매우 어렵다. 자신의 무지를 인정하지 않고 억지를 부리거나, 자신의 무지를 알지 못하고 허세가 하늘까지 뻗친 예는 지금까지도 인터넷이나 신문, 텔레비전 심지어 학술저작에까지 다반사로 발견되고 있기 때문이다. 반세기 전 주쯔칭은 이미 "이 세상에는 자기가 모르는 것을 아는 것으로 착각하는 사람들이 넘쳐난다."고 한탄한 바가 있다. 지금 이 세상에는 이런 사람들이 점점 늘어나고 있을까? 아니면 점점 줄어들고 있을까? 그저 "모르겠다."고 대답할 수밖에 없다.

영국의 이런 말장난 놀이를 들어본 적이 있는가?

If you understand,

Say, "Understand."

If you don't understand,

Say "don't understand."

But if you understand and say "don't understand.",

How do I understand that you understand?"

Understand?

알고 있으면

"안다"고 말해.

모른다면

"모른다"고 말해.

알면서도 "모른다"고 말하면

네가 알고 있다는 걸 내가 어떻게 알겠니?

알겠니?

제일 마지막 부분을 "모르면서도 '안다'고 말하면 네가 모른다는 걸 내가 어떻게 알겠니?"로 바꾸기만 한다면, 이 글은 공자의 잰말 놀이 같은 이 명언에 좋은 주석이 되어 줄 것이다.

子曰: 由, 誨女知之乎! 知之爲知之, 不知爲不知, 是知也.

(爲政 第二)

【 해 석 】

공자 가라사대 "중유仲由야, 네게 가르친 것을 알았느냐? 아는 것은 안다고
하고, 모르는 것을 모른다고 하는 것이 바로 지식을 탐구하는 도니라!"

공자의 터부

존재는 무시하지 않되 말하지 않는다.

存而不論

공자는 귀신과 신령의 존재에 대해서는 의문을 가지고 있었다. 하지만 은殷과 주周 이래로 귀신을 믿는 전통적인 관념은 민간에 매우 보편적이었기에, 공자는 영혼의 세계는 존중은 하되 가까이하지 않고, 존재는 무시하지 않되 이야기는 하지 않는다는 태도를 보였다. 대신 인간사에 더욱 힘쓸 것을 강조했는데, 그는 이것이 진정한 지혜라고 여겼다. "공자는 괴이한 일과 무력을 동원하는 일, 반란과 귀신에 대해서는 이야기하지 않았다. 子不語怪力亂神"

청나라 말의 계몽 사상가이자 교육자인 엄복嚴復은 "공자의 가르침이 고명한 이유는 귀신을 다루지 않고 자연과학을 논하지 않으며 전문적으로 사람의 일만 다루어, 평이하고 소박하면서도 실천이 쉽다는 데에 있다." 루쉰은 이를 명백하게 말했다.

공구孔丘(공자의 본명) 선생은 확실히 위대하다. 무속과 귀신세력이 그렇게 활개를 치던 시대에 살았으면서도 절대 세상의 풍조를 따라 귀신을 논하는 일이 없었기 때문이다. 그러나 안타까운 점이 있다면 그는 너무 약삭빨랐다는 것이다. "제사를 지낼 때, 조상이 정말 제사를 받는 것처럼 여기고, 귀신이 있는 것처럼 제사를 지냈다. 祭如在. 祭神如神在."는 말을 하며 그는 《춘추》를 편찬하던 관례적인 방법으로 '같을 여如'자 두 글자에 조소와 차가운 비유를 감추었다. 그러나 읽는 사람은 순간적으로는 무슨 뜻인지 이해할 수 없기에 그의 마음속에 있는 반대의견을 금방 알아차릴 수 없는 것이다.

인순印順법사는 《성불하는 도리成佛之道》에서 귀신을 언급하며 귀신이라는 관념은 동서양에 모두 존재하며, 형태도 서로 다르고 명목도 가지각색이라고 말한다.

이런 귀신은 확실히 공덕도 있고, 신적인 능력도 있다. 어떤 상황에서는 확실히 사람들에게 적지 않은 도움을 주기도 한다. 그래서 사람들이 자주 숭배하는 것이다. 사람들은 귀신에게 간절히 복을 구하고, 사악한 귀신을 쫓아내 달라고 기도하기도 하며 해치지 말아 달라고 애원도 한다. 그러나 귀신들은 모두 번뇌가 가득한 존재이기 때문에 덕성은 때로 사람보다 못하다. 특히 분노와 원한이 많고, 흉악한 일과 다른 사람을 해코지하는 것을 좋아한다.

그들이 사람에게 원하는 것은 희생이다. 피가 뚝뚝 떨어지는 고기나 심지어 산사람을 제물로 요구하기도 한다. 만일 사람이 자기를 공경하지 않고 공양하지 않거나 자기 기분을 상하게 하면 잔인하게 보복한다. 예를 들어 광풍, 폭우, 우박, 전염병 등이 그것이다. 이는 인간세계에서 암흑가의 폭력배가 하는 짓과 매우 비슷하다. 내가 불행을 당하고 있을 때 귀신은 칼을 빼 들고 나를 도와주거나 대범하게 돈주머니를 풀 수도 있다. 그러나 절대 귀신을 노엽게 해서는 안 된다. 어떤 이는 귀신을 두려워하다 속수무책으로 죄악의 나락에 빠져들기도 한다. …… 속담 중에는 '호랑이를 집안에 끌어들이는 꼴이요, 귀신을 문안에 끌어들이는 것 같다.'라는 말이 있다. 귀신 숭배자들은 귀신의 노여움을 사지 않는 한 가지만 생각하다 패가망신을 하고 타인을 사지에까지 몰아넣으니, 이 무슨 고생인가?

공자는 인류의 위인으로서 "귀신은 존중하되 가까이하지 않는다."라고 했다. 정말 지혜로운 방법이라 할 수 있다.

공자 사후 2천 년이 지난 지금에도 귀신을 대하는 공자의 태도에 종교인들이 이렇게 탄복할 정도니, 이 점만 보더라도 공자는 '인류의 위인'으로서 가히 손색이 없다.

樊遲問知,
子曰: 務民之義, 敬鬼神而遠之, 可謂知矣. (雍也 第六)

【 해 석 】

번지樊遲가 어떤 것이 진정한 지혜인지 묻자 공자가 대답했다. "백성의 일상
사에 힘을 쏟고 귀신은 존중하되 가까이하지 않아야 지혜라고 할 수 있다."

❰ 원한은 정의로 갚으라 ❱

남에게 덕을 베풀면, 그것을 잊으라.

有德於人, 愿忘之也

사람이 있는 곳이라면 은혜와 원한이 생기게 마련이다. 그래서
사람을 어떻게 대하느냐 하는 것은 모든 사람이 직면하는 문제
이다. 공자는 백이伯夷, 숙제叔齊가 '과거의 나쁜 일'을 생각하지 않
았음을 크게 칭찬했다. 그러나 이것은 아무런 기준도 없이 옳고
그름을 분별하지 말라는 뜻은 아니다. "오직 어진 사람만이 진정
으로 사람을 사랑할 수 있고, 또한 진정으로 사람을 미워할 수
있다. 唯仁者能好人, 能惡人"라는 말이 있는데, 만일 사람들이
모두 원한을 은혜로 갚는다면, 은혜는 무엇으로 갚을까? 그래서
공자는 은혜는 은혜로 갚고 원한은 공정한 정의로 갚으라고 말
한다. 원문에서 '직直'이란 정직함, 공정함을 말한다.

《사기》위공자열전魏公子列傳에서는 신릉군信陵君의 문객이 한 말
을 기록하고 있다. "다른 사람이 공자公子께 덕을 베풀면, 공자는

잊어서는 안 됩니다. 공자께서 다른 사람에게 덕을 베풀면, 공자께서는 이를 잊으시기 바랍니다. 人有德於公子, 公子不可忘也; 公子有德於人, 願公子忘之也" 청나라의 학자 전영찬錢泳贊은 "그 말은 너무나 절묘하지만 "원한은 정의로 갚고, 은혜는 은혜로 갚으라."는 말의 공정함만은 못하다."라고 평했다.

2차 세계대전이 종전된 지 이미 오래되었지만, 정의를 대표하는 세력들은 지금까지도 정의의 심판을 피해 이름을 개명하고 세계 각지로 도피한 나치 전범들을 찾는데 여념이 없다. 말 한 마디만 잘 하면 천 냥 빚도 갚는다는데, 이제는 백발이 된 살인범, 흉악범들을 용서해 줄 때가 된 것이 아닐까? 이런 질문 앞에서 저명한 사상가인 헤르베르트 마르쿠제Herbert Marcuse는 조금의 망설임도 없이 "아니다."라는 대답을 내놓는다.

> 만일 사형집행자가 사형수의 용서를 부탁한다면, 이런 일은 인성의 결핍이요, 정의에 대한 조롱으로 여길 수밖에 없다. 사람은 쾌락을 탐닉하기 위해 가는 곳마다 살인을 하거나 타인을 학대하는 존재가 아니며, 또 그렇게 해서도 안 되는 것이다. 심판의 시간이 되었을 때, 말 한 마디로 손쉽게 다른 사람의 용서를 구하고 다른 사람의 용서를 얻는 일은 나에게 있어서는 일종의 범죄행위나 마찬가지다.

그렇다. 범죄에 대한 이런 유의 용서는 바로 관용 자체가 죄악을 경감시키는 죄를 범하는 것과 같다. 마르쿠제의 논리적인 주장은 원한은 정의로 갚고, 은혜는 은혜로 갚으라는 주장이 현대 세계에서 울려 퍼진 가장 힘 있는 메아리라고 할 수 있다.

【 원문 】

或曰: 以德報怨, 何如?
子曰: 何以報德? 以直報怨, 以德報德. (憲問 第十四)

【 해석 】

어떤 이가 물었다. "원한을 은혜로 갚아도 되겠습니까?"
공자가 말씀하셨다. "그럼 은혜는 무엇으로 갚으려 하시오? 원한은 정의로 갚고, 은혜는 은혜로 갚아야 합니다."

공자가 버린 네 가지 습관

주관적인 추측을 하지 않는다.

無意

이것은 공자 자신이 밝힌 이야기가 아니라 제자가 스승의 모습에 대해 간단명료하게 묘사한 논평이다. 사마천은 공자에게 감동을 받고 이렇게 말했다. "주관적인 추측을 하고, 함부로 결심하며, 자신의 견해를 고집하면 자기 잘난 척을 하게 된다. 자기 잘난 척을 하게 되면 사사로운 비밀이 생기고, 사사로운 비밀이 생기면 감추게 된다. 주관적인 추측을 하지 않고, 함부로 결심하지 않으며, 자신의 견해를 고집하지 않으면, 자기 잘난 척 하지 않게 되고, 자기 잘난 척을 하지 않으면 공적인 것이 생겨나고, 공적인 것이 열매를 맺으면 분명한 것이 된다."

이렇게 겸손하면서도 신중하고, 인류의 스승으로서 타인의 스승이 되기를 좋아하지 않는 기풍은 자연스레 후세 학자들이 숭상하는 모범이 되었다. 중국의 역사학자 멍원퉁蒙文通은 위항余杭

에서 태어난 국학 대가 장타이옌張太炎과 함께 학술토론을 한 적이 있었는데, 장타이옌이 자기주장을 조금도 내세우지 않고 타인의 권고를 너무나 흔쾌히 받아들인 태도, 특히 자신과 다른 계파의 후학인 멍원퉁이 말한 건의까지 기꺼이 받아들인 태도 때문에 매우 놀라워했다. 장타이옌에 깊은 인상을 받은 멍원퉁은 그 후로도 계속 장타이옌에게 큰 존경을 표시했다. "장타이옌은 선후배들에게 커다란 유익을 베풀고 있다. 여항 선생만큼 자신의 견해를 고집하지도, 자기 잘난 척을 하지도 않는 모습으로 큰 감동을 주는 사람은 보지 못했다." 그런가하면 역사 지리학 대가인 탄치샹譚其驤은 자신의 서재를 사무재四毋齋라고 불렀다.

프랑스의 당대 철학자이자 걸출한 중국학자인 프랑수아 줄리앙Francois Jullien은 《우회와 진입》에서 "주관적인 추측을 하지 않고, 함부로 결심하지 않는다."는 말을 설명하며, 공자는 "전혀 특정한 뜻이 없이 현실세계와 부딪혔다. 현실에 대해서 어떤 예정된 관점이 없기에, 현실에서 반드시 해야 할 무엇도 없었다. 즉, 그에게 있어서 그의 언행을 규범하는 확정된 필연성이 없었다."라고 말한다. 후에 그는 《성인은 자기 뜻이 없다》라는 책에서 이 문제를 다룬 또 한 편의 글을 써서 성인은 주관적인 추측을 하지 않는다는 것이 무엇인지 요지를 밝히고 있다.

소위 말하는 '주관적인 추측을 하지 않는다'라는 것은 성인이 수많은 관념 중에서 단독적으로 한 가지 관념을 선택하지 않는다는 것을 말한다. 성인의 머릿속에는 선입관(주관적 추측)이 존재하지 않는다. 즉, 원칙이나 기초, 혹은 쉬운 말로 시작이 있은 후에 여기에서 비롯된 연역내지는 적어도 자신의 사상 전개를 하지 않는다는 것이다.

소위 '원칙'이란 arché(기초)로서, 생각은 여기에서 시작해 그것으로 제어되며, 사상은 여기에서 시작된다. 원칙 혹은 기초가 제시된 이상, 다른 것들은 자연적으로 연역이 시작된다. 그러나 여기에는 함정이 도사리고 있다. 성인이 걱정하는 것은 바로 처음부터 방향성을 가지고 이에 기초해 모든 상황을 강제적으로 통제하려는 태도에 있다. 일단 어떤 관념(즉, 주관적인 추측)을 중요시하고 나면, 아무리 나중에 모든 관념을 재통합해보려 해도 다른 관념들은 이미 덜 중요한 것이 되고 말기 때문이다. 혹은 더욱 정확하게 말한다면, 이미 제기한 관념은 다른 관념들을 암암리에 말살하게 된다고 할 수 있다. 그러므로 성인은 모든 관념들을 동등한 위치에 내려놓는다.

이것이 바로 그의 지혜이다. 그는 모든 관념들은 동일한 가능성이 있으며, 모두 이해 가능하고, 그 중에 어떤 관념이라도 다른 관념에 우선할 수 있으므로 다른 관념을 가리거나 다른 관념의 빛을 빼앗을 수 없다고 여긴다. 결론적으로 어떠한 관념도 특권을 가질 수는 없다. "주관적인 추측을 하지 않는다."는 것은 바로 성인은 어떤 선입 관념도 가지고 있지 않으며 어떤 관념에도 제한을 받지 않는다는 뜻이다.

사람들이 고정관념과 맹목적인 원리에 국한되지 않고 자유롭고 개방적인 영혼을 소유하도록 돕기 위해 조목조목 짚어가며 설명하는 그의 말이 매우 설득력 있게 들린다. 그의 관념이 꼭 공자의 뜻은 아니거나 혹은 공자의 뜻과는 전혀 상관이 없다 하더라도 말이다.

【원문】

子絶曰: 毋意, 毋必, 毋固, 毋我. (子罕 第九)

【해석】

공자는 네 가지 나쁜 습관을 버렸다. 즉, 주관적인 추측을 하지 않고, 함부로 결심하지 않으며, 자신의 견해를 고집하지 않고, 자기 잘난 척을 하지 않았다.

흐르는 강물처럼

흐르는 물은 학문과 같다.

水流如同學問

시인 량쭝다이梁宗岱는 듣는 이를 깜짝 놀라게 할, 분명한 이유가 있는 긍정을 했다. "깊이 사색하는 영혼은 때로 한 마디 탄식만으로도 절묘한 명시 한 수를 만들어 낼 수 있다." 마치 17세기 프랑스의 사상가 파스칼Blaise Pascal의 《수상록》에 나오는 다음과 같은 명구처럼 말이다.

이 무궁한 공간의 영원한 고요함은 나를 몸서리치게 만든다!

량쭝다이는 이 말을 통해, 공자가 강가에서 한 말 역시 철학자의 우연한 탄식이지만 최고의 의미와 시적 가치를 가지고 있는 좋은 글의 예라고 말한다. 바로 우주 의식을 담고 있는 시 한 수라고나 할까.

모두가 잘 아는, 우주의 움직임을 믿고 있던 고대 그리스의 철학자 헤라클레이토스Heracleitos 역시 흐르는 강물에 대해 이런 비슷한 경구를 남겼다. "우리는 같은 강물에서 두 번 목욕할 수 없다." 그의 말은 강물을 모델로 삼아 자신의 우주관을 설명하고 변증하며 우리에게 간접적인 경험을 선사한다. 그러나 이 말이 아무리 큰 경각심을 불러일으킨다 하더라도 결국엔 산문일 수밖에 없다. 반면 공자의 말은 특수한 현상과 보편적인 원리를 가진 본체를 동시에 표현하고 있다.

흐르는 강물 역시 우주의 쉬지 않는 움직임에 속하기에 시적인 감상도 자연스럽게 솟아난 것이다.…… 강물의 흐름은 본래 구체적인 현상으로서 그 특성을 형용하는 흐르는 것이란 말로 묘사되고 있다. 그래서 모든 흐르는 것, 움직이는 사물을 그 안에 모두 포괄하게 되면서 그 함의는 더욱 넓어지고 더욱 보편화되는 것이다. 영원이란 말에는 본래 추상적인 관념이 있지만, '멈추지 않는다'라는 매우 풍부한 의미를 가진 동사와 낮과 밤 두 가지 대립되는 이미지를 가진 명사로 형상이 부각되기에, 그 끊임없이 흐르는 영상은 우리 눈앞에 더욱 더 친근하게 떠오른다.

또 다른 시인인 쫑바이화宗白華는 진晉나라 사람의 미감을 흥미진진하게 이야기하며, 이런 예를 들었다. "위개衛玠(중국 고대의 유명한 미남)가 처음에 강을 건너려 할 때 초췌하고 비참한 모습으로 주위 사람들에게 말했다. '이 망망한 강을 보니, 나도 모르게 만감이 교차하는 구나. 인지상정을 가진 사람의 몸을 면하지 않고야, 누가 이 강물을 다시 따라갈 수 있을까?' 후에 당나라 초 진자앙 陳子昻은 《등유주대가登幽州臺歌》에서 말했다. '앞으로는 옛사람을 보지 못하고, 뒤로는 오는 사람을 보지 못하네. 천지의 유유함을 곰곰이 생각하다가 그만 슬퍼 홀로 눈물 흘리네. 前不見古人, 後不見來者, 念天地之悠悠, 獨愴然而涕下' 진자앙의 시 역시 위개의 글에서 변화되어 나온 것이 아닌가? 그러나 위개의 깊은 슬픔은 보는 이들의 마음을 더욱 아프게 하며 무궁무진한 여운을 남겨준다." 하지만 쫑바이화는 곧바로 이렇게 말한다.

반면 공자는 강변에서 "흘러가는 모든 것들은 다 이 흐르는 물과 같다. 밤이고 낮이고 그치지 않는다!"라고 말했다. 이 말은 더욱 철학적이며 더욱 초연하고 웅대한 기상을 보여준다.

흐르는 강물을 마주한 공자, 장탄식밖에 나오지 않는 이 감동적인 이미지는 2천년 후의 중국 시인들을 감동의 도가니로 몰아넣었을 뿐 아니라 2천년 후 러시아의 대문호인 레프 톨스토이Lev Tolstoy까지 감동시켰다. 톨스토이는 이 구절을 부연 설명하는 산문을 지을 정도로 공자의 명언에 큰 매력을 느꼈다. 톨스토이는 공자의 입을 빌어 자신의 생각을 표현했다. 그의 글이 공자의 정신에 위배되지 않는 문화적 선언임은 두말할 나위도 없다.

공자의 학생들은 힘차게 흘러가는 강물을 뚫어져라 쳐다보는 공자를 바라보며 매우 놀랐다. 공자는 말했다. "흐르는 강물이 과거에도, 오늘도 항상 이렇게 힘차게 흘러간다는 걸 모르는 사람은 없다. 하지만 이 강물이 학문과 같다는 걸 아는 사람은 별로 없다. 나는 강물을 보면서 이렇게 생각했다. 강물은 쉬지 않고 힘차게 흘러, 밤낮을 달려 대양으로 흘러들어간다. 우리의 아버지, 할아버지, 그들 시대에 있던 진정한 학문 역시 이와 마찬가지다. 그 학문은 세계의 끝에서부터 와서 한 순간도 쉼 없이 흘러 마침내 우리에게 도달했다. 우리 역시 그와 마찬가지로 진정한 학문을 계속 흘려보내는 일에 힘써야 한다. 우리는 반드시 이렇게 학문을 후대인에게 전하고 그들 역시 우리를 본보기로 삼아 자신의 자손에게 학문을 전달하도록 해야 한다. 이렇게 학문이 끝까지 전달되도록 해야 한다."

이는 분명 톨스토이의 재해석이라 할 수 있다. 만년에 그는 친구에게 자신의 솔직한 심정을 털어놓았다. "처음에 나는 예수나 공자, 부처의 말을 감히 고칠 생각을 하지 못했지. 하지만 지금은 '내가 그 말을 고쳐야만 한다. 그 사람들은 몇 천 년 전 사람들이니까!'라고 생각하게 되었어." 이는 바로 이 위대한 철학자가 공자에 대한 존경과 숭앙의 마음이 얼마나 절절한 지를 잘 드러내주는 말이다. 설령 《논어》가 톨스토이에 의해 원문과는 전혀 다르게 개작이 되고, 공자가 톨스토이가 된다 할지라도 말이다.

【원문】

子在川上曰: 逝者如斯夫, 不捨晝夜! (子罕 第九)

【해석】

공자께서 강변에서 말씀하셨다. "흘러가는 모든 것들은 다 이 흐르는 강물
과 같다. 밤이고 낮이고 그치지 않는다!"

⊯ 대교약졸 ⊯

위대한 지혜는 어리석게 보인다.

大智若愚

공자는 본인이 학구열이 뛰어나고 이해력이 좋아, 학생도 "옛 일을 알려주면 하나를 듣고 열을 깨우쳐 장래의 일도 알 수 있는" 학생을 좋아했다. 안회가 학문에 대해 물어보자 공자는 온종일 쉼 없이 도를 가르쳐 주었고 안회는 묵묵히 그 말을 듣기만 했다. 수업 후 안회도 전혀 의문을 제기하지 않았을 뿐 아니라 공자도 더 자세한 설명을 해 주지 않았다. 그러나 수업이 끝난 후 관찰해 보니 안회는 공자가 말한 도리를 머리로만 알고 있을 뿐 아니라 마음으로 깨달아 실천까지 힘 있게 하고 있었다. 이는 '위대한 지혜는 어리석게 보인다'라는 말의 대표적인 실례이다. 이전에도 공자는 안회의 '멍청해 보일만큼 반대의견이 없는 모습'에 대해 한마디 한 적이 있었다. "안회, 이 사람은 내가 학문을 연마하도록 도와주는 사람이 아니다. 내가 한 말을 기쁘게 받아들이지 않은 적이 없기 때문이다." 그러나 후에는 자공이 안회를 두고 한, '하나를 들으면 열을 안다'라는 극찬을 완전히 인정했다.

그러나 안회의 재능 중 타의 추종을 불허하는 재능은 바로 '오랜 시간이 지나도 마음이 어짊과 덕을 어긋나지 않는다.'는 것이었다. 장인蔣寅은 청나라의 유학자 이옹이 《사서반신록四書反身錄》에서 한 말을 인용하여 이렇게 말했다. "무릇 지혜를 드러내어 사용하는 사람은 진정한 도를 얻을 수 없다. 안연은 어리석은 것 같았기 때문에 어짊의 덕에서 어긋나지 않았다." 그리고 이어서 설명했다. "이 말은 학문의 도리에 가장 부합하는 말이다. 무릇 학문에 큰 성취를 이룬 사람은 지혜가 있지만 그 지혜를 드러내어 사용하지는 않는다." 첸중슈 등 학자의 예를 들어봐도, 이 말은 후학들에게 깊은 고민거리를 안겨주고 있다.

【 원문 】

子曰: 吾與回言, 終日不違, 如愚. 退而省其私, 亦足以發, 回也不愚. (爲政 第二)

【 해석 】

공자가 말했다. "오늘 안회와 온종일 말했는데, 전혀 반대의견이 없는 것이 아주 멍청하게 보였다. 그러나 그가 물러간 후 그의 사적인 언행을 관찰해보니 들은 대로 실천도 잘하고 있었다. 안회는 절대 어리석지 않다."

❰ 4부 ❱

리더의 자질

명쾌한 논어,
21세기에 답하다

〖 지식과 정치 〗

응용은 훨씬 더 중요한 공부다.
使用更重要的學習

자로는 계씨季氏 가문의 가신이었는데, 같이 동문수학하는 동기를 끌어주려 했다. 하지만 공자는 자고子羔가 지식이 충분하지 않다고 여겼기 때문에 자로가 사람을 망치고 있다고 책망했지만, 자로는 그 자리에서 말대꾸하며 공자에게 대들었다.

"실제 정치를 하며 훈련을 하는 게 수완이 더 뛰어난 것인데, 왜 꼭 지식을 쌓아야만 한다는 겁니까?" 이 말은 굉장한 설득력을 지니는데다가, 현대사회에서 몹시 중요하게 다루어지는, "책을 읽는 것은 공부이며, 응용도 공부이지만 응용은 훨씬 더 중요한 공부다."라는 말의 원조처럼 여겨지기도 한다. 공자는 분한 나머지 머리끝까지 화가 난 듯싶다. 책망이 나중에는 비난으로 발전했기 때문이다.

공자가 화를 낸 이유는 아마도 자로의 터무니없는 말이 어느 정도는 자신의 가르침을 이용했기 때문일 것이다. 공자는 실제적인 이익을 증진하는 '치용致用'을 제창하며, 이론을 힘써 실천하는 '역행力行'을 강조했다. 그에게 있어 교과서의 지식은 유일한 학습내용도, 심지어 주요 학습내용도 아니었다. 그래서 2천 여 년 후 공자는 대단한 정치가들에 의해 억지로 역사의 무대에 끌려나와, 분서갱유를 실시한 진시황이나 본래는 깡패에 불과하던 주원장朱元璋 등 봉건 제왕들의 통치에 정당성을 제공해야 했다. "공자, 진시황, 한무제, 조조, 주원장은 모두 대학을 나온 적이 없지만, 실전 경험을 통해 자신의 재능을 더욱 키워나갈 수 있었다."라고 말이다.

하지만 공자의 기본적인 교육 관념을 대표해 주는 말은 "학업이 우수하면 관직에 올라 더욱 효과적으로 인의를 실행할 수 있다. 學而優則仕"는 자하子夏의 명언이라 볼 수 있다. 공자는 학생들에게 "일하는 자가 자기 일을 순조롭게 완성하고 싶다면 먼저 자신이 쓰는 도구를 날카롭게 해야 한다. 工欲善其事, 必先利其器."고 가르쳤으며, "빨리 가기를 욕심내지 말고, 작은 이익을 탐하지 말라. 빠르고자 하는 자는 오히려 목표를 이루지 못하고, 작은 이익을 탐하는 자는 큰일을 이룰 수 없다. 無欲速, 無見小利. 欲速則不達, 見小利則大事不成."고 했다. 이것은 정치의 원칙이자, 학문의 원칙이다. 그는 우수한 학생이었던 칠조개漆雕開를 관리로 추천했으나, 칠조개는 이를 고사하며 말했다. "저는 아직 제 능력이 어느 정도인지 확신할 수 없습니다." 이런 대답이 공자를 기쁘게 했다는 기록을 보면 공자가 자로에게 불만을 가진 사실이 전혀 이상하지 않다.

그러나 작은 이익은 매우 유혹적인 것이 사실이다. 게다가 이런 유의 이익은 결코 작다고 할 수 없는 경우가 대부분이다. 그래서 뜻이 있는 사람은 배움을 버리든지 아니면 자기 절개를 버려서라도 그 이익을 차지하려고 한다. 이것이 바로 자로의 해명이 지금까지도 많은 지지를 받고 있는 이유다. 민국民國시대의 서생 판광단潘光旦은 깜짝 놀라 외쳤다. "2천 4, 5백년 전, 자로는 이미 '지식을 쌓더라도 나라를 구하는 일을 잊지 말아라'라든지, '사회가 바로 학교이고, 생활이 바로 교육이다'라는 말을 했다니!"

자로는 공자의 제자들 중에서 정치에 관심 있는 부류였다. 그래서 동문들이 하는 "아무개는 정치를 할 수 있겠습니까? 仲由可使從政也歟"라는 등의 질문에 자주 오르내렸다. 그러나 그는 정치 사업은 사람들의 안위와 이해관계와 깊은 관계가 있기 때문에 시험삼아 해본다거나 마구잡이식의 시도를 해서는 안 되며, 과거 역사의 교훈과 전례를 심사숙고하고 이론적인 훈련에 수양까지 갖춰져야만 한다는 것, 한 마디로 말해 먼저 지식을 쌓아야만 한다는 것을 끝까지 이해하지 못했다. 자로는 이해를 못 했을 뿐 아니라 끝까지 자기 관점을 고집하는 말까지 늘어놓았기 때문에 공자에게 '사람을 망친다' 혹은 '말만 그럴듯한 사람'이라는 욕을 얻어먹은 것이다.

판광단은 이렇게 안타까워했다. "최근 정치를 논하고, 정치 사업에 참여하도록 권하는 사람들은 대부분 동일한 병폐를 가지고 있다. 애당초 자로의 뜻을 요즘의 말로 풀어보자면 '국민도 있고, 국가도 있는데 무엇 하러 공부를 하고 지식을 쌓습니까?'라는 말이고 좀 더 쉬운 말로 하자면 '정치활동도 할 수 있고 정당사업도 활발한데 무엇 하러 공부를 하고 지식을 쌓습니까?'라는 뜻이 아닌가?" 판광단은 심지어 당시 중국의 고등교육이 생명력을 완전히 상실하고 정치도 전혀 호전될 기미가 보이지 않는다고 단언하며 "이에 대해서는 자로파의 잘못된 가치관이 반드시 일정 정도 책임을 져야만 한다."고 요구했다. 물론 이 논란은 이미 80여 년 전에 발생한 일이다.

원 문

子路使子羔爲費宰. 子曰: 賊夫人之子.
子路曰: 有民人焉, 有社稷焉, 何必讀書, 然後爲學?
子曰: 是故惡夫佞者. (先進 第十一)

해 석

자로는 자고子羔에게 비읍費邑의 장관을 맡겼다. 공자 가로되 "그건 젊은이를 망치는 길이다." 자로가 말했다. "백성도 있고 일할 곳도 있는데, 왜 꼭 지식을 쌓아야만 능력이 있다고 여기시는 겁니까?" 공자가 가로되 "그래서 억지를 부리는 사람이 가장 혐오스러운 것이다."

나라를 다스리는 도리

재화를 절약하며 백성을 아낀다.

節用而愛人

이 부분은 공자가 나라를 다스리는 도리에 대해 말한 어록이다. 수천의 병거를 가진 나라를 잘 다스리려면 첫째로 일처리에 전심 전력을 다해야 하며, 무성의하게 하거나 적당히 건성으로 해서는 안 된다. 둘째로는 경건하고 정성스러우며 신용을 중시해야 한다. 셋째로는 근검절약을 중시해 화려함과 사치를 삼가야 한다. 넷째로는 백성을 사랑해야 하는데 어짊으로 사람을 대하고 인간을 본위로 해야 한다. 다섯째로는 백성을 부리더라도 적절한 시기를 택하라는 것으로 농번기를 피하고 백성의 부담을 가중시켜서는 안 된다는 것이다. 만일 집정자가 이를 지켜서 행한다면 이상적인 어진 정치의 조건은 대략 만족시킨 셈이다.

근대의 저명한 철학자 꾸훙밍辜鴻銘은《장문양 막부기문張文襄幕府紀聞》에서 장즈둥張之洞이 막 양강 총독으로 부임했을 때의 일을 적고 있다. 장즈둥은 막료의 업무기준을 높이는 한편, 지출을 절약하기 위해 막료들이 각자 자신의 식사를 준비하도록 요구했다. 이 파격적인 조치는 꾸훙밍을 비롯한 모든 막료들의 불만을 사기에 충분했다. 마침 그 해 회시會試(명청 시대에 베이징에서 3년마다 한 번 치르던 과거의 하나. 향시鄕試에 합격한 거인擧人들이 응시했고, 합격자를 공사貢士라고 불렀음. 공사가 된 후에 전시殿試에 참가할 수 있었음)의 작문 주제가 '수천의 병거를 가진 나라'였기에 눈치 보지 않고 할 말을 다 하던 꾸훙밍은 동료에게 거침없는 비난을 퍼부었다.

우리 지휘관께서는 일처리에 전심을 다하긴 하시지만 신용이 없으십니다. 물자절약은 하지만 사람은 아끼지 않으시며 백성도 분별없이 부리고 계십니다. 사람들은 우리 지휘관의 학문이 고금을 꿰뚫고 있다고 하지만 제가 볼 때는 《논어》의 1장도 겨우 절반 밖에는 통달하지 못하신 것 같습니다.

그가 차용한 것은 《논어》의 구절이었다. 그는 완벽한 사실에 근거해서 더러운 말 하나 입에 담지 않고 속이 후련하도록 상대방을 비웃고 있다. 꾸훙밍이 훗날 자랑스레 남긴 기록에 의하면 당시 이 말을 듣는 사람 중에 배를 잡고 웃지 않는 사람이 없었다고 한다.

명쾌한 논어, 21세기에 담하다

子曰: 道千乘之國, 敬事而信, 節用而愛人, 使民以時.

(學而 第一)

【 해 석 】

공자 가라사대 "수천의 병거를 가진 국가를 다스릴 때는 반드시 일처리에
전심전력을 다하며 신용을 중시해야 한다. 재화를 절약하며 백성을 아끼
고, 적절한 때에 백성을 부려야 한다."

바른 행동과 명령의 집행

윗사람의 모범이 있어야 아랫사람이 본을 받는다.

上行下效

몸으로 하는 교육은 입으로 하는 교육보다 훨씬 더 중요하다. 공자는 긍정적인 면과 부정적인 면 두 가지 측면에서 집정자의 솔선수범의 중요성을 강조하고 있다. 중국의 상행하효上行下效(윗사람이 모범을 보이면 아랫사람이 본을 받는다)라는 사자성어와 '윗물이 맑아야 아랫물이 맑다'는 속담도 모두 이 도리를 가리키는 것이다. 이는 중국 봉건적 관료사회의 상식일 뿐 아니라 중국인들의 보편적인 가치관이기도 하다. 19세기에 공사를 따라 베이징을 방문했던 한 일본인이 《관화지남官話指南》이란 중국어 회화 교재를 편찬했는데, 책 속에는 당시 중국에서 보편적으로 사용되던 대화들이 적혀 있어 외국인들이 중국어를 쉽게 배울 수 있도록 했다. 그 중에는 이런 대목이 있다.

무슨 일을 하든지 모범이 있어야 윗사람을 보고 아랫사람도 본을 받는다. 윗사람이 돈을 밝히지 않는데 아랫사람이 어떻게 뇌물을 받을 수 있나?

윗사람이 거의, 혹은 절대로 돈을 밝히지 않는 사람이라면 결과는 안 봐도 뻔할 것이다. 그렇지 않더라도 적어도 상상은 가능할 것이다.

〖 원문 〗

孔子曰: 其身正, 不令而行; 其身不正, 雖令不從. (子路 第十三)

〖 해 석 〗

공자 가라사대 "자신의 행동이 바르고 단정하면, 명령을 내리지 않아도 사람들이 알아서 행하게 된다. 자신의 행동이 바르고 단정하지 못하면 아무리 명령을 내려도 따르는 사람이 없다."

▌ 정치는 올바름이다 ▌

군주가 바르면 바르지 않을 사람이 없다.

君正莫不正

계강자는 노魯나라의 대부로서 애공哀公 때 정경正卿(춘추시대 제후국의 관직 중 통치자를 제외한 최고 지위)의 자리에까지 올랐다. 그의 부친인 계환자季桓子는 그에게 "노나라의 재상을 하려거든 반드시 공자를 불러라." 라고 당부한 적이 있었다. 공자가 14년간 열국을 돌아다니며 유세했지만 결국 다시 노나라로 돌아오게 된 배경에는 그의 이런 노력이 숨어 있었다.

그는 여러 차례 공자에게 정치에 대해서 물었으며 공자는 비슷한 글자나 같은 음을 가진 글자로 그에게 답해주었다. "정치政란 바로 바름正이다. 윗자리에 앉은 사람이 모범을 보이며 솔선수범하여 자기 행위를 바르게 해야 한다." 공자는 집정자가 바라는 바른 기풍, 아름다운 미풍양속, 진정 효과적인 다스림의 비밀은 전부 이 안에 들어 있다고 여겼다. "자기 행동을 바르게 한다면 정치를 하는 데 또 무슨 어려움이 있겠는가? 자기 행동도 바르게 하지 못하면 다른 사람을 어떻게 바르게 할 수 있겠는가?"

맹자 역시 비슷한 말을 했다. "군주가 어질면 어질지 않을 사람이 없고, 군주가 의로우면 의롭지 않을 사람이 없으며, 군주가 바르면 바르지 않을 사람이 없다. 君仁莫不仁, 君義莫不義, 君正莫不正" 그러므로 군주가 먼저 어짊을 베풀 때에야 충성을 다하는 관리와 선량한 백성이 나오게 된다. 그러나 한 나라에서 진실이 사라지고 어짊과 의로움이 실행되지 않는다면, 원인은 교육과 홍보 부족 때문이 아니라 통치자가 진정한 모범을 보이지 못했기 때문이다.

지혜로운 정치가는 모두 이 점을 잘 알고 있다. 제 환공桓公은 관중管仲에게 이렇게 물었다. "우리나라는 국토도 별로 넓지 않고 자원도 부족하오. 하지만 관료들은 복장에서부터 외출에 이르기까지 사치하기가 이를 데 없으니 이를 어떻게 해야 좋소?" 그러자 관중은 대답했다. "군주가 무슨 음식을 좋아하면 신하들도 전부 그 음식을 좋아하게 되어 있죠. 군주가 어떤 옷을 즐겨 입으면 신하들도 전부 따라서 입게 마련이고요. 지금 환공께서 좋은 음식만 드시고 고급 의복만 즐겨 입으신 것이 신하들의 낭비벽을 키운 원인입니다. 이런 상황을 정말 변화시키고 싶으시다면 우선 자신부터 변하셔야 합니다." 제 환공이 자기부터 솔선수범을 보이자 제나라는 어느덧 절약형 사회로 돌아서게 되었다. 당나라의 시인 백거이는 이렇게 말했다.

이것이 소위 말하는 '위에서 선례를 남기면 아래에서는 온갖 안 좋은 기풍이 생겨난다'는 말이다. 설마 겨우 이 정도뿐일까? 군주가 좋아하는 일은 신하도 따라서 하니, 위에서 하는 대로 아래서도 그대로 본받게 되어있다. 그러므로 윗사람이 사치를 좋아하면 이 세상의 부패한 관리도 함부로 날뛰게 된다.

《논어》를 읽고, 《논어》에 주를 달던 옛사람들은 다시 한 번 자세히 설명한다. "자기를 바르게 하지 않고서 다른 사람을 바르게 할 수 있는 사람은 없다." 유감스러운 사실은 예부터 지금까지 매번 자기 행동이 바르지 않은 사람이 부당한 방법으로 바른 사람의 자리를 차지해 왔다는 것이다. 비록 과거의 불행한 역사는 그랬다하더라도, 이것이 역사의 규칙은 아니기 만을 간절히 바랄 뿐이다.

명쾌한 논어, 21세기에 담하다

季康子問政於孔子.

孔子對曰: 政者, 正也. 子帥以正, 孰敢不正? (顔淵 第十二)

【 해 석 】

계강자가 집정자가 지켜야 할 도리에 대해 묻자 공자는 이렇게 대답했다.
"정치는 바로 바름입니다. 나 자신이 솔선수범하여 자기 행위를 바르게 한
다면 자신을 바르게 하지 않을 아랫사람이 누가 있겠습니까?"

❰ 윗물이 맑아야 한다 ❱

대부가 비열해지면 서민은 도적질을 한다.

大夫鄙則庶人盜

"나 자신이 솔선수범하여 자기 행위를 바르게 한다면, 자신을 바르게 하지 않을 아랫사람이 누가 있겠습니까?"라는 말은 자기수 양을 했을 때 나타나는 긍정적인 상황을 말해준다. 그러나 그와 반대일 경우, 즉 도적이 벌떼처럼 일어난다면 그 원인에는 반드시 무절제한 탐욕에 빠져 있는 윗사람이 있다. 노자는 이보다 더 단도직입적으로 말한다. "윗사람의 세금이 과도하게 많아지기 때문에 백성들은 기아와 배고픔에 시달리게 된다. 윗사람이 무분별한 착취를 하기 때문에 '백성'들이 간사하고 범죄하게 된다." 《설원說苑》귀덕貴德편에서는 이렇게 말하고 있다.

> 천자가 사사로운 이익을 좋아하면 제후는 탐욕스러워지고, 제후
> 가 탐욕스러워지면 대부는 비열해지며, 대부가 비열해지면 서민

은 도적질을 하게 된다. 윗사람이 아랫사람을 부패하게 하는 것은 민초들을 거꾸러뜨리는 바람과 같다. 天子好利則諸侯貪, 諸侯貪則大夫鄙, 大夫鄙則庶人盜, 上之變下, 猶風之靡草也.

이 구절의 함의에 대해서 날카로운 분석을 내린 사람은 청나라 초기 사상가 이옹이다.

"집정자가 재물에 욕심을 내지 않는다면 사람들에게 상을 준다 해도 도둑질을 하려 들지 않을 것입니다." 이 방법은 혼란을 다스리고 정상적인 질서를 회복할 수 있는 좋은 기회이며, 세상을 구하고 안정시킬 수 있는 좋은 방법이다. 무릇 위에서 욕심을 내지 않으면 근원이 깨끗해지고, 물의 근원이 깨끗하면 아랫물도 깨끗해진다. 모두 깨끗하게 되면 부당한 이윤 획득도 사라진다. 백성의 뼈를 후려치고 골수를 뽑는 기풍이 사라질 뿐 아니라 피폐하고 시들어진 백성은 회복되어 모두 자신의 생업에 종사할 테니, 누가 다시 혼란을 이야기할 수 있을까? 《좌전》에서는 이렇게 말한다. "나라가 망하는 것은 관리가 사악하기 때문이다. 관이 덕을 잃는 것은 간신을 총애하고 뇌물을 받는 일이 공공연하게 행해지기 때문이다. 國家之敗, 由官邪也; 官之失德, 寵賂章也"
근대의 학자 신푸위안辛復元 역시 말했다. "관계에 뇌물수수가 공공연하게 일어나므로 민간에서는 도적떼들이 벌떼처럼 일어난다." 이런 일은 과거로부터 지금까지 그칠 줄 모르고 일어나고 있으니, 어떻게 탄식이 나오지 않겠는가! 악비 역시 이렇게 말했다. "문관이 돈을 사랑하지 않고, 무관이 죽음을 두려워하지 않으면 이 세상은 자연히 태평해진다. 文官不愛錢, 武官不惜死, 天下太平矣" 통치자는 이 말을 거울로 삼아야 한다.

그러나 통치를 하겠다는 사람은 대개 이 말을 거울로 삼을 겨를이 없거나, 그렇게 할 마음조차 없는 경우가 다반사다. 그래서 이 세상에서 도둑이 사라지는 일은 아직도 영원히 실현할 수 없는 미완의 꿈으로 남아있을 뿐이다.

【 원문 】

季康子患盜, 問於孔子.
孔子對曰: 苟子之不欲, 雖賞之不窃. (顔淵 第十二)

【 해석 】

계강자는 도둑이 들끓는 문제로 골머리를 썩었다. 그가 공자에게 해결방법을 묻자 공자는 대답했다. "만일 집정자가 재물에 욕심을 내지 않는다면 사람들에게 상을 준다 해도 도둑질을 하려 들지 않을 겁니다."

현명한 인재를 등용하라

현명한 신하를 중용하면 간신은 배척된다.

賢臣內則邪臣外

한 나라의 군주가 어떻게 해야 백성을 복종시킬 수 있느냐고 묻는 질문에, 공자의 대답은 최대한 올바른 사람을 발탁하라고 했다. 이런 사람은 높은 위치에 있어서도 행동이 단정하고 일처리도 공정하기 때문에 사람들은 자연히 마음으로 인정하게 된다. 그러나 그와 반대일 경우, 정반대의 결과만 낳게 될 뿐이다.

"현명한 신하가 중용을 받으면 간신은 배척을 받게 되고, 간신이 중용을 받으면 현명한 신하는 죽게 된다. 賢臣內則邪臣外, 邪臣內則賢臣斃"는 공자의 말에서, 우리는 공자가 역사와 현실생활 속에서 매우 보편적이며 정확한 정치 경험을 했음을 알 수 있다. 그는 우리에게 "올바른 사람을 사악한 사람의 윗자리에 배치하면 백성은 마음으로 복종하게 됩니다. 사악한 사람을 올바른 사람의 윗자리에 배치하면 백성은 복종하지 않게 됩니다."라고 말한다.

윗사람이 만일 철두철미하게 바른 군자라면, 그 아래에 있는 소인의 무리는 그의 영향을 받아 완전히 악한 길을 버리고 바른 사람이 될 수는 없다 하더라도 적어도 무엇이 양심에 거리끼는 일인지는 알게 되고, 부정부패도 덜 하게 된다. 그러나 이 교훈은 말하기는 아주 간단하지만 실천하기는 매우 어렵다. 역사책을 읽고 현실을 이 잡듯이 뒤져본다면, 과거와 현재의 어떤 왕조, 또 동양과 서양의 어떤 국가도 이런 경지에 도달할 수 없었음을 알 수 있다. 그 원인을 따져보자면 인간성의 복잡성과 인재 분별의 어려움이라는 문제 외에도, 17세기 프랑스 작가 장 드 라 브뤼에르Jean de La Bruyere가 지적한 문제를 빼놓을 수 없다. 즉, 제법 괜찮은 통치자라 할지라도 자신을 돕는 악한 세력을 필요로 하고, 언젠가는 올바른 사람에게 가서 부탁하기 어려운 일들이 생기기 마련이기 때문이다.

哀公問曰: 何爲則民服?
孔子對曰: 擧直錯諸枉, 則民服; 擧枉錯諸直, 則民不服.
(爲政 第二)

【 해 석 】

노나라 애공이 물었다. "어떻게 해야만 백성이 복종하게 할 수 있습니까?"
공자가 대답했다. "올바른 사람을 사악한 사람의 윗자리에 배치하면 백성
은 마음으로 복종하게 됩니다. 사악한 사람을 올바른 사람의 윗자리에 배
치하면 백성은 복종하지 않게 됩니다."

임금은 임금답고
신하는 신하답게

군주는 신하에게 명할 때 예의를 지켜야 한다.

君使臣以禮

공자는 임금은 임금답고 신하는 신하다우며, 아버지는 아버지답고 아들은 아들다울 것(君君, 臣臣, 父父, 子子)을 주장했다. 소위 말하는 '임금은 임금답고 신하는 신하답다는 것'은 군주는 군주의 모양이 있고, 신하는 신하의 모양이 있어 각자 자기 맡은 바 직무와 본분을 다한다는 뜻이다. 그러나 이 말은 결코 군주가 신하들의 주재가 되어서 자기 맘대로 얼토당토않은 일을 명해도 된다는 뜻은 아니며, 신하들은 군주의 노예가 되어 군주의 명령에 절대적으로 복종해야 한다는 뜻도 아니다. 중국 현대 사학자이자 고대문학가인 쉬중슈徐中舒는 이렇게 말한다.

공자는 군주를 목숨을 다해 모셔야 한다고 일방적으로 말하지 않는다. 오히려 군주와 신하의 상호의무에 대해서 이야기하고 있다. 그는 "군주는 신하에게 명할 때 예의를 지켜야 하며, 신하는 군주를 섬길 때 충성을 다해야 한다."라고 말했으며 또한 "통치자가 노인들에게 효도하고 젊은이들에게 자애로우면, 백성도 충성을 다하게 된다. 孝慈則忠"라는 말도 했다.

공자시대의 지식인들은 '군주를 일편단심으로 섬기지 않아도' 되었고, 골라가면서 섬기는 특권이 있었다. 군신간의 도리는 하늘과 땅 사이에 도망칠 곳이 없는 無所逃於天地之間 불가피한 것이 아니었기에, 만일 군주가 신하에게 무례하고 노인들에게 효도하지 않으며 젊은이들에게 자애롭지 않는다면 신하 역시 충성을 다할 필요가 없었다. 관중管仲 역시 자신이 섬기던 공자 규糾를 위해 죽지 않으니 그의 견해도 공자의 가치관을 지지한다고 할 수 있다. 공자가 말한 군주의 권한이란 한계적이며 상대적인 권한이다. 공자는 군주의 절대적인 권리에 대해서는 말한 적이 없으며, 이는 공자의 진보적인 사상을 보여주고 있다.

이상적인 군신관계는 군주가 신하에게 예의를 갖춰 대하고, 신하 역시 군주를 섬기며 충성을 다하는 것이다. 춘추 말기 제나라의 명재상이었던 안영晏嬰의 언행을 기록한 전적 《안자춘추晏子春秋》에는 이 두 구절을 생생하게 설명해주는 두 가지 이야기가 나온다.

첫째 이야기는 이렇다. 어느 겨울날, 제 경공景公('임금은 임금답고 신하는 신하다우며, 아버지는 아버지답고 아들은 아들다워야 한다.'는 말은 바로 공자가 제나라에 있던 시절 그에게 한 말이다)은 자신의 곁에 있던 안영에게 이렇게 말했다. "따뜻한 음식을 대령하라." 그러자 안영은 단칼에 거절하며 말했다. "저는 임금께 음식을 대령하는 신하가 아닙니다." 그러자 제 경공은 다시 말했다. "내 옷을 좀 가져오라." 그러나 안영은 여전히 매우 냉정하게 거절하며 말했다. "저는 임금께 가죽옷을 바치는 신하가 아닙니다." 매우 불쾌해진 제 경공이 물었다. "그럼 경은 자신이 뭘 하는 대신이라고 생각하는 건가?" 안영은 아주 당당한 태도로 자신은 나라와 사직을 지키는 대신이라고 대답했다. "무릇 국가를 지키는 대신은 국가를 세우게 할 수 있습니다. 상하 간에 예절을 분별하여 조리가 있게 하며, 백관의 질서를 제정하여 합당하게 하고, 나라를 대표하는 외교사절로서 사방 각국에 선언할 수 있습니다." 이후 제 경공은 안영을 계집종 부리듯 부리지 않았다. 이것이 바로 "군주가 신하에게 명령을 할 때는 예의를 지켜야 한다."는 것이다.

한 겨울날의 일이다. 안영이 제나라의 사신이 되어 노나라에서 정무를 보고 있을 즈음, 제 경공은 밑도 끝도 없이 높은 망루를 짓고 싶은 생각에 사로잡혔다. 제 나라에는 국민의 원성이 자자했고, 모두 현명하신 재상께서 속히 귀국하여 사태를 수습해주기만을 학수고대하고 있었다. 안영은 귀국하자마자 제 경공을 만나 백성 사이에서 유행하는 슬픈 노래 한 구절을 들려주었다. "차가운 얼음물이 우리를 흠뻑 적시는구나. 우리가 무슨 수로 살 수 있을까? 임금이 우리를 생이별하게 하는구나. 우리가 무슨 수로 살 수 있을까?" 안영은 눈물을 흘리며 이 노래를 불렀다. 이 모습을 지켜본 제 경공은 당장 공사를 중단할 것을 허락했다. 그런데 안영은 대궐을 나서자마자 쏜살같이 공사장으로 달려가기 시작했다. 그리고 공사장에 도착해서는 공사장 일꾼들에게 몽둥이를 휘두르며 험악한 욕을 해댔다. "우리 같은 백성이 전부 자기 집이 있기 때문에 지금 군주께서 높은 망루를 지으시려는 것인데, 너희들은 열심히 일은 안 하고 뭘 하는 게냐?" 안영이 돌아오기만을 학수고대하던 백성은 그가 포악한 군주의 오른팔이 되어 학정을 행하는 데에 치를 떨었다. 그러나 안영이 한바탕 난리를 치고 자리를 떠나자마자, 공사장에는 공사를 중지하라는 제 경공의 어명이 정식 하달되었다.

이 이야기를 하며 공자는 한탄한다. "고대의 훌륭한 신하는 명예와 명성은 군주에게 돌리고 재앙과 화는 자신이 받을 줄 알았다. 궁궐에 입궐하면 군주의 잘못을 세세히 지적했지만, 궁궐을 나서면 군주의 덕과 의를 높이 선양하는 데 힘썼다." 그러므로 훌륭한 신하는 덕과 재능이 뛰어나지 않은 군주를 섬긴다 할지라도 그 군주가 영웅이라 불릴 정도까지 보좌할 줄 알았고, 자신은 그 공을 감히 자랑하지 않았다. 이것이 바로 '신하는 군주를 섬길 때 충성을 다해야 한다'는 말의 뜻이다.

定公問: 君使臣, 臣事君, 如之何?
孔子對曰: 君使臣以禮, 臣事君以忠. (八佾 第三)

【해석】

노나라 정공定公이 공자에게 물었다. "군주가 신하에게 명하고, 신하가 군주를 섬기는 일은 어떻게 해야 합니까?" 공자가 대답했다. "군주는 신하에게 명할 때 예의를 지켜야 하며, 신하는 군주를 섬길 때 충성을 다해야 합니다."

직책에 걸맞은 능력이 있는가

남이 나를 알아주지 못할까 걱정하지 말라.

不患人之不己知

공자는 여러 차례 이와 비슷한 말을 한 적이 있다. 예를 들어 "타인이 나를 알아주지 않을까 걱정하지 말고 자기 자신이 능력이 없을까 걱정하라. 不患人之不己知, 患其不能也" 혹은 "군자는 자신이 능력이 없을까 걱정할 뿐이지, 타인이 자신을 알아주지 않을까 걱정하지 않는다. 君子病無能焉, 不病人之不己知也"라는 말이 대표적이다. 그는 자신을 위로하고 또 학생들을 격려하기 위해 이런 말들을 했다. 순자에 이르러서 공자의 이 사상은 더욱 체계화되었다.

덕이 있는 군자에게는 할 수 있는 일과 할 수 없는 일이 있다. 군자는 품격이 고상하여 타인에게 존경을 받을 수 있지만, 타인이 반드시 자신을 존중하도록 할 수는 없다. 충성스럽고 성실하여 사람들에게 신뢰를 받을 수는 있지만, 타인이 반드시 자신을 신뢰하도록 할 수는 없다. 다재다능하여 타인에게 쓰임을 받을 수는 있지만, 타인이 반드시 자신을 쓰도록 할 수는 없다. 그러므로 군자는 자신의 품격이 높지 않음을 수치스럽게 여기지, 자신이 멸시 받음은 부끄럽게 여기지 않는다. 자신이 성실하지 않음을 부끄럽게 여기지, 신뢰받지 못함을 부끄럽게 여기지는 않는다. 자신의 무능을 부끄럽게 여기지, 자신이 쓰임을 받지 못함을 부끄럽게 여기지는 않는다. 그러므로 군자는 명예와 영광에 유혹을 받지 않으며 비난과 훼방에도 뒤로 물러서지 않는다. 일을 할 때 도의를 지키며, 자신을 엄격하고 단정하게 관리하고, 외부의 사물에 정신을 빼앗기지 않는다. 이것이 바로 진정한 군자이다.

확실히 사람들이 존경할만한 재능을 가진 사람이 있다면, 교수라는 직책이 없더라도 결국엔 큰 존경을 얻게 될 것이다. 사람들이 존경할만한 재능이 없는 사람이라면 아무리 큰 직위를 갖고 있다 하더라도 결국에는 웃음거리로 전락할 수밖에 없다. 그러므로 건전하고 깨어 있는 이성을 가진 사람이라면 자신의 능력에 걸맞지 않는 직위를 정당하지 못한 방법으로 얻으려 해서는 안 된다. 그리고 능력을 갖춰 이런 직위를 맡게 되더라도 잘난 척해서는 안 되며 안하무인해서는 더욱 안 된다. 오히려 자신의 직위와 자신의 능력 간에 실제로 얼마나 큰 격차가 있는지 자주 생각해보는 것이 바람직하다.

푸단대학 물리학과 수석교수인 왕쉰王迅은 유능한 교수란 그에 걸맞은 지식수준과 교양수준, 학술연구 수준, 교육능력, 대학생들에게 전공과목 기초를 전수할 수 있는 빼어난 교수능력, 새로운 연구를 독자적으로 개척할 수 있는 능력, 국제적으로 공인된 중요한 학술성과가 있어야 하고, 국제적으로 중요한 학술회의에 자주 참가하여 세계 일류 과학자들과도 막힘없이 대화하는 수준에 이르러야 한다고 말한다. 더 나아가 그는 조금도 주저하지 않고 단언하길, 미국 캘리포니아 대학 버클리 분교 같은 세계 저명대학과 비교할 때, 푸단대학 물리학과에는 '교수라고 부를 수 있는 수준의 사람은 한 사람도 없다'고 한다. 중국 같이 넓고 광활한 나라의 과학기술원 회원들 가운데서도 없다고 말이다. 박사학위를 얻든 교수 직위를 얻든, 혹은 고위 학술 직책을 얻든 공자의 말에서부터 왕쉰 교수의 말까지 깨어 있는 지성인들의 말로 자신을 반성할 줄 안다면, 세상의 좋은 명성이란 명성은 모두 자신에게 돌리고 있는 스스로를 발견하는 비극은 면할 수 있을 것이다. 그렇지 않으면 우물 안 개구리에 불과할 것이다.

【원문】

子曰: 不患無位, 患所以立; 不患莫己知, 求爲可知也.

　　　(里仁 第四)

【해석】

공자 가라사대 "직위가 없을까 걱정하지 말고 직위에 걸맞은 능력이 부족할까를 걱정하라. 나를 알아주는 사람이 없다고 걱정하지 말고 남이 알아줄 만한 재능을 얻기 위해 노력하라."

❙ 도가 없을 때는 물러난다 ❙

나라에 도가 없을 때 녹을 받음은 수치다.

邦無道, 谷, 恥也

공자는 "천하에 도가 있을 때는 나서서 사회를 위한 일을 하고, 천하에 도가 없을 때는 물러선다. 나라에 도가 있는데도 자신은 가난하고 비천하다면 이것은 수치다. 나라에 도가 없는데 부하고 귀하다면 이것도 수치다. 天下有道則見, 無道則隱. 邦有道, 貧且賤焉, 恥也; 邦無道, 富且貴焉, 恥也"라고 했다. 나라의 정치상황이 좋을 때에는 당연히 사회적 책임을 이행해야 한다. 그러나 나라의 정치상황이 좋지 않은데 여전히 높은 지위를 누리고 있다면, 악인들과 함께 악행을 행하며 심지어 악인들의 앞잡이가 되는 것도 마다하지 않아야 할 것이다. 류뎬쥐에劉殿爵는 이렇게 말했다.

나라의 혼란은 전혀 염두에 두지 않은 채 관직만 얻으려는 태도에 대해 공자는 심각한 '수치'라고 여겼다. "나라에 도가 있을 때는 봉록을 받을 수 있다. 그러나 나라에 도가 없을 때 봉록을 받는 것은 바로 수치다." 왜냐하면 나라 가운데 '도'가 행해지지 않으면 사람은 원칙을 저버리더라도 자기 직위를 보호하려 하게 되고, 그런 시도를 하지 않는다면 스스로 사지에 들어서게 되기 때문이다. 이런 상황에서 사람은 화를 멀리 피해 가까이하지 않는 것이 상책이며, 마음을 다해 인생의 최고 경지를 추구하며 자기수양을 하는 것이 최선이다.

나라에 도가 시행되든 안 되든 간에 사어史魚(전국시대 위衛나라의 대부)는 화살과 같이 강직한 성품을 가졌기 때문에 공자는 그의 꿋꿋함을 칭찬했다. 그와 반대로 위나라의 대부인 거백옥遽伯玉은 나라에 도가 시행될 때 관직에 들어섰다가 나라에 도가 사라졌을 때 관직에서 물러나 은거했기 때문에 공자는 그를 군자라 칭했다. 공자는 자신의 이런 의견을 몇 번이나 피력했다.

공자는 남용南容에 대해 말하길, "나라에 도가 있을 때는 관리를 할 수 있고, 나라에 도가 없을 때는 형벌을 면할 수 있다." 영무자寧武子는 나라가 태평할 때는 총명하게 행동했지만, 나라가 혼란할 때는 어리석은 척했다. 공자는 "그의 총명은 따라 배울 수 있되, 그의 어리석음은 따라갈 수 없다."라고 말했다. 공자는 덕을 보존하고 화를 면하는 방법은 "나라가 태평할 때는 바른 말과 바른 행동을 해야 하며, 나라가 혼란스러울 때 역시 바른 행동을 해야 하지만 말은 부드럽고 신중해야 한다."라고 했다. 이는 자신의 일반적인 관점과 일치된 견해이다.

이렇게 많은 도가 있음과 도와 없음의 대비, 출발과 중지, 나아감과 물러섬의 토론은 공자와 그 제자들이 당시 처했던 현실의 어려움과 문제들을 여실히 보여주고 있다.

공자에게 질문을 던졌던 원헌原憲은 공자의 제자 가운데 내면 세계가 청정하고 절개를 지키며 안빈낙도를 추구했던 명사로 유명하다. 《논어》에 의하면, 공자가 노나라에서 사구司寇(춘추전국시대 형부상서에 상당하던 직책)를 역임할 때, 그는 공자 집안의 총 집사를 맡아 마땅히 받아야 할 월급까지도 애써 사양했다고 한다. 《장자》와 《사기》에 따르면 공자 사후에 그는 황량한 시골에 은거하며 힘써 공자의 가르침을 실천했으며, 높은 관직과 연봉을 누리던 자공 역시 그에게 큰 수치를 당했다고 한다.

어느 날 위나라 재상이 된 자공은 많은 수행원을 줄줄이 대동하고 사람 키보다 더 높이 자란 잡초를 베어내며 간신히 외딴 산골에 있는 원헌을 찾아왔다. 다 떨어져 가는 누더기 옷을 걸친 옛 동창을 바라보며 자공은 그를 '수치스럽게' 여겼다. 그는 멸시의 눈초리로 원헌을 바라보며 이렇게 비꼬았다.

"선생은 어쩌다가 병이 드셨습니까?"

쉬운 말로 표현하면 "머리가 좀 이상해지신 거 아닙니까? 능력도 있으시면서 왜 이렇게 궁핍하게 지내십니까?"라는 뜻이다. 원헌은 싸늘한 조소로 대꾸했다.

> "저는 이렇게 들었습니다. 재물이 없는 자를 가난하다고 하고, 도를 배웠지만 행할 수 없는 사람을 병들었다고 말입니다. 저 원헌은 가난한 것이지 결코 병이 난 것이 아닙니다."

그가 한 말은 표면적으로는 "나는 당연히 병이 난 게 아니라 가난한 것뿐이다."라는 뜻이고, 대놓고 말하지는 않았지만 정작 자공에게 하고 싶었던 말은 "정말 머리가 이상한 사람은 다른 사람을 이상하다고 여기는 당신 아니오?"라는 말이었다. 그들은 비록 동문수학한 동창이었지만 이제는 서로 같은 길을 걸을 수 없는 사이가 되었다. 자공은 수치심을 참을 수 없어 쥐구멍을 찾듯 서둘러 되돌아가고 말았다. 그리고 자신이 이때 한 신중하지 못한 말을 평생 수치스럽게 여겼다. 재미있는 것은 사마천이 자공에 대해 설명을 하며, 처음에는 자공이 원헌을 보고 그를 수치스럽게 여겼다고 했으나, 후에는 자신이 한 실언 때문에 자신을 수치스럽게 여겼다고 한 것이다. 앞뒤 구절에 모두 동일한 어휘를 사용했는데, 바로 과거 원헌이 공자에게 물었던 그 어휘, '수치恥'를 그대로 사용했다.

憲問恥.

子曰: 邦有道, 谷. 邦無道, 谷, 恥也. (憲問 第十四)

【 해 석 】

원헌이 수치가 무엇인지 묻자 공자가 말했다. "나라에 도가 있을 때는 봉록을 받을 수 있다. 그러나 나라에 도가 없을 때 봉록을 받는 것이 바로 수치다."

5부

인간관계의
가치

명쾌한 논어,
21세기에 답하다

친구를 사귀는 즐거움

친구란 고통을 덜어주고 즐거움을 더해준다.

朋友損苦痛而益歡樂

이 구절은 《논어》 제일 첫 장에 기록된 공자의 둘째 이야기다. 송나라의 정치가 겸 문인이었던 구양수는 《붕당론朋黨論》에서 이 부분을 정확하게 설명했다.

"보통 군자와 군자는 같은 도리를 중심으로 친구가 되고, 소인과 소인은 같은 이익을 중심으로 친구가 된다. 大凡君子與君子, 以同道爲朋, 小人與小人, 以同利爲朋"

공자가 말하는 '친구朋'란, 뜻과 학업에서 같은 길을 가는 사람을 말함이 분명하다. 이렇게 마음이 맞는 친구가 멀리서 갑자기 찾아온다면 의지할 수 있고 큰 위로가 되어 고독함과 적적함을 덜 수 있다. 또 학업을 함께 연마하면, 혼자 공부하며 학문이 얕아지고 견문이 적어 생기는 오만의 오류에서도 빠져나올 수 있다. 그러니 이는 지식인에게 있어 당연히 매우 즐거운 일일 것이

다. 이에 관해 중국의 사상가이자 교육가인 차이위안페이蔡元培
는 이렇게 말했다.

"사람은 본성적으로 여럿이 함께 모여 있기를 좋아하고 혼자 떨어
져 있는 것을 싫어한다. 그래서 안으로는 집이 있고, 밖으로는 친
구가 있는 것이다. 친구란 사람에게 고통을 덜어주고 즐거움을 더
해주는 존재다. 비록 정말 즐거운 일이 있더라도 마음이 맞는 친
구와 함께하지 못한다면 그 즐거움에는 한계가 있게 마련이다. 우
울하고 심심할 때, 좋은 친구로부터 고독하고 적막한 삶에 위안을
얻고, 그와 함께 쓸쓸함과 근심을 같이 나눌 수 있다면 가슴이 탁
트이고, 마치 다른 사람이 된 듯 내 마음에도 큰 변화가 일어난다.
멀리 여행을 떠나거나 장기간 타향에 거하며 형제와 친척들의 도
움을 받을 수 없을 때에도 친구의 필요성은 더욱 커진다."

여기까지는 감정에 관한 이야기였다. 학업에 대해 이야기하기
원한다면, 중국 고대 교육학설의 체계를 논했던 《예기》 학기學記
에 나오는 글귀를 주의해보자. "혼자 공부하며 친구가 없으면 학
문이 얕고 견문이 적어진다. 獨學而無友, 則孤陋而寡聞" 문화
과학기술사업이 급속하게 발달하는 오늘날, 같은 산업 내에서
사업자 간의 연계, 선진기술 유입, 낙후된 기술 퇴출은 필수불가
결하다.

"현시대는 온갖 문화가 만발하고, 각종 학술은 하나같이 정밀한 이론을 자랑하고 있다. 범위 역시 엄청나게 넓어져 한 사람의 힘과 능력으로는 한 분야를 전부 아우르기가 어려워졌다. 또한, 세부적인 분류가 지극히 많아지고, 각 산업 간에는 긴밀한 관계가 성립되었다. 만일 한 가지 분야에만 몰두하게 된다면 다른 분야는 전혀 알 길이 없고 학문은 얕아지게 된다. 반면, 여러 분야를 아울러 연구하게 되면 두서가 없고 연구방향에는 혼선이 생긴다. 그러므로 서로 마음이 통하는 친구들과 함께 각자의 분야를 힘을 다해 연구하고 이 결과를 서로 토론하면, 서로의 장점으로 상대방을 도울 수 있고 결국 학업도 대성하게 된다."

이 시대의 공자라 불렸던 이 위대한 교육가 역시 이 점에는 공자와 이심전심이었나 보다.

【원문】

有朋自遠方來, 不亦樂乎? (學而 第一)

【해석】

마음이 맞는 친구가 먼 곳에서 찾아오는 것은 즐거운 일이 아닌가?

🎴 인간관계의 황금률 🎴

내가 원치 않는 일은 남에게도 강요하지 말라.

己所不欲, 勿施於人

어짊은 사람과의 관계 속에서 "자신이 성공하길 바란다면 먼저 타인이 성공하도록 도와주고, 자신이 통달하길 바란다면 먼저 타인이 통달하도록 도와주어야 한다. 己欲立而立人, 己欲達而 達人"는 태도로 드러나고, 관용은 사람과의 관계 속에서 "내가 원치 않는 일은 다른 사람에게도 강요하지 말라."라는 태도로 드러난다. 타인이 나 자신에게 불이익을 끼치는 것을 원치 않는다면, 나 자신 역시 타인의 이익을 해치지 말아야 한다. 이것이 바로 사람의 교양이며, 사람의 문화이다. 저우쭤런周作人은 이렇게 말했다.

나는 영국 책《자연의 세계》와 중국어로 번역된 톰슨의《동물 생활사》라는 책을 읽으며, 생물의 상황에 대해서 대략 이해할 수 있었는데, 한마디로 말하자면 생물은 동물이라는 것이었다. 사람 역시 일종의 생물이기에 생활은 근본적으로 동물과 다를 바 없다. 약간 다른 점이 있다면 사람의 삶은 조절이 가능하다는 것이다. 하지만 이것은 백분의 일 정도의 미미한 차이라고 할 수 없기에, 사람과 동물은 이로 인해 확연한 차이를 보인다. 그래서 우리는 스스로를 사람이라 부르며 동물은 가지고 있지 않은 문화를 가지고 있다고 말한다.

내 생각에 인간이 금수와 다른 점은 이성이 있다는 점 하나인 것 같다. 인간은 자신 외에도 타인이 있다는 것, 자신은 사람들 가운데서 살고 있다는 것을 인식하기 때문에 외부세계에 대해서 두 가지 태도를 보인다. 그 중 소극적인 방법이 관용이고, 적극적인 방법이 어짊이다. 만일 인류에게 다른 동물에게는 없는 문화가 존재한다고 한다면, 나는 위 두 가지 덕목이 바로 그것이라고 생각한다. 자동차나 비행기, 총, 대포 등 기계는 아무리 정교하고 편리하다 할지라도 짐승의 발톱과 이빨, 강인한 근육의 연장선에 있을 뿐이다. 동물에게 과시할 수는 있다 해도, 이는 양적인 진전일 뿐 결코 질적인 차이를 말해주는 것은 아니다.

인류가 동물의 문화와 다른 특징이 있다면 그것은 바로 인류가 공유하고 있는 특징이다. '내가 원치 않는 일은 다른 사람에게도 강요하지 말라'라는 말은 이미 동서양 문명 속에서 매우 보편적인 준칙으로 자리 잡은 상태이기에, 이를 공자 혹은 중국만의 특징이라고 주장할 수는 없다. 예를 들어 인도의 서사시 《마하바라타Mahabharata》에는 이런 구절이 있다.

자신이 겪고 싶지 않은 일은 다른 사람에게도 행하지 마라.
자신이 갈망하는 일은 다른 사람도 갈망하게 마련이다.
이것이 바로 율법의 전부니 마음에 새겨두고 행하도록 하라.

《성경》에는 이런 구절이 나온다.

그러므로 무엇이든지 남에게 대접을 받고자 하는 대로 너희도 남을 대접하라.
이것이 율법이요 선지자니라. (마태복음 7:12)

이슬람교 경전 《나와위Nawawi의 40가지 성스러운 교훈》에도 이런 말이 있다.

가장 고귀한 종교는 이러하다.
자신이 좋아하는 것이라면 타인이 이것을 얻었을 때에도 기뻐해야 한다.
자신이 괴로워하는 것이라면 타인이 이것을 소유했을 때에도 괴로울 것임을 알아야 한다.

이 말들은 모두 공자의 말에 좋은 참고자료요 증거자료가 된다. 차이위안페이는 공자의 말을 한층 더 확장했다.

서양의 철학자들은 '사람은 모두 자유가 있지만 타인의 자유를 침범해서는 안 된다'라고 말하는데 그 취지는 모두 똑같다. 예를 들어, 내게 사상과 언론의 자유가 있어 다른 사람의 간섭을 받고 싶지 않다면 마찬가지로 나 역시 다른 사람의 사상과 언론에 대해서 간섭해서는 안 된다. 나에게 신체를 보호할 자유가 있어 타인이 해를 끼치는 것을 원치 않는다면 마찬가지로 나 역시 다른 사람의 신체에 해를 끼쳐서는 안 된다. 나에게 개인 사생활을 보호받을 자유가 있어 타인의 훔쳐보기를 원치 않는다면, 마찬가지로 나 역시 타인의 비밀을 훔쳐보지 않도록 주의해야 한다. 이와 마찬가지로 타인에게 속고 싶지 않다면 나 역시 타인을 속이지 않도록 주의해야 한다. 타인에게 모욕을 받고 싶지 않다면 나 역시 타인을 모욕하지 않도록 주의해야 한다. 상황의 경중을 떠나, 모두 동일하게 적용되는 원리이다.

이는 바로, '내가 원치 않는 일은 다른 사람에게도 강요하지 말라'라는 말의 핵심이 권리 평등에 있다는 뜻이다. 즉, 특권은 제한하거나 소멸시켜버린다는 것이다. 그 말의 의도는 매우 좋지만 어떤 면에서는 책만 읽은 순진한 학자의 견해에서 벗어나지 못하고 있다. 린위탕林語堂은 고개를 설레설레 저으며 말한다. "이것은 현실적으로 실행하기 매우 어려운 말이다. 백성이 모두 자유를 원한다면 관료나 군대가 더 이상의 자유를 누릴 수 있을까? 백성이 신체적 자유와 침범할 수 없는 권리를 누린다면, 관료들은 편집자를 체포하고 신문사를 폐간시키며 사람을 처형해 자신의 골칫거리를 없앨 권리를 잃어버리지 않을까?"

【 원문 】

子貢問曰: 有一言而可以終身行之者乎?
子曰: 其恕乎! 己所不欲, 勿施於人. (衛靈公 第十五)

【 해석 】

자공이 물었다. "평생 지킬만한 말이 있습니까?"
공자 가로되 "그건 바로 관용이다! 내가 원치 않는 일은 다른 사람에게도 강요해서는 안 된다."

역지사지

자신이 성공하길 바라면 남이 성공하도록 도우라.

己欲立而立人

중국 현대정치학에 있어 당대의 대가인 샤오궁취엔蕭公權은 《공자 정치학설의 현대적 의의》라는 책에서 이렇게 말하고 있다.

공자는 인간의 인성에 대해 정식 분석을 시도한 적은 없지만 그의 말을 살펴보면 이미 그가 인성의 3가지 요소를 깨닫고 있음을 알 수 있다. 첫째는 동물과 동일한 특징인 생물성이요, 둘째는 인류만이 가지고 있는 도덕성, 세 번째는 일부 동물도 가지고 있는 사회성이다. 그러므로 인성을 발전시키고 만족시키기 위해서는 인류의 생물적, 도덕적, 사회적 욕구를 만족시키거나 발전시켜줘야만 한다. 정치가의 일은 바로 각 사람들에게 이런 욕구를 만족시킬 기회를 제공하여 개인이 만족을 얻도록 협조하고 지도해 주는 것이다. 정치적 사회의 역할은 인성의 욕구를 만족시키는 질서와 제도를 공급해 주는 데에 있다.

공자의 견해에 따르자면, 정치가가 위에서 열거한 일을 하는 이유는 오로지 자신이 그 일을 하지 않으면 자신의 천부적인 성품을 성장시킬 수 없기 때문이다. 즉 자신의 도덕성과 사회성을 만족시키기 위해서이다. 공자는 인간은 자연적으로, 또한 필연적으로 자신의 동족을 받아들이며, 특히 자신과 혈연관계를 가진 동족을 받아들인다고 여겼다. 이렇게 가족을 사랑하고 인류를 사랑하는 천성이 바로 도덕생활, 사회생활 및 정치생활을 이루는 직접적인 원동력이 된다.

한 사람이 자신의 동류를 사랑한다면 그는 반드시 동류들의 본능적인 욕구를 만족시켜 주려 할 것이다. 만일 자신의 능력이 허락된다면, 더 나아가 자신의 동류들이 이런 욕구를 채우는데 도움이 되기를 원할 것이다. 인류의 본성이란 근본적으로 동일하다. 그러므로 스스로 돌이켜 자신에게 무슨 욕구가 있는지 자문해 보기만 한다면, 다른 사람이 어떤 욕구를 가지고 있는 지는 자명해지게 된다.

이야기를 다시 원점으로 되돌려보자. 공자는 중용을 숭상했기 때문에, 지나치지 않고 적당한 과유불급을 선호했다. 우리는 기본적으로 타인의 처세원칙에 대해 알고 있을 필요는 있지만, 과도한 간섭을 해서는 안 되며 이 원칙을 절대화해서도 안 된다. '내가 원치 않는 일은 다른 사람에게도 강요해서는 안 된다'라는 말이 있듯이, 자신이 하고 싶은 일이라고 다른 사람에게 강요해서는 안 되는 것이다. 왕멍王蒙은 자신을 세상 사람들의 기준으로 여기는 것은 타인의 웃음거리가 될 수 있는 가장 쉬운 방법이며, 우리가 가장 쉽게 범하는 실수라고 말한다.

자신의 좋아함과 싫어함을 기준으로 상황을 판단하는 사람의 특징은 이 세상에 온갖 웃음거리를 제공해준다는 것이다. 추운 북쪽 지방에 막 출장 갔다 돌아온 어머니는 아이들에게 두꺼운 옷을 입혀주기 바쁘다. 땀을 뻘뻘 흘리며 집에까지 자전거를 타고 온 아버지는 아이들이 입은 두꺼운 옷을 벗겨주기에 바쁘다. 부모가 배가 고프면 아이들에게 더 먹으라고 재촉하고, 부모가 배가 불러 괴로우면 아이들이 너무 게걸스럽게 먹는다고 야단을 친다.

우리는 내가 좋아하는 것이라면 타인도 좋아하리라고 생각한다. 또 내가 무서워하는 것이라면 타인도 무서워하리라 생각하고, 내가 제일 싫어하는 것은 타인에게도 아주 해로울 것이라 생각한다. 그러나 실상은 전혀 그렇지 않을 수 있다. 여기 한 끔찍한 이야기가 있다. 미국 애틀랜타 지방에 절대적인 채식주의를 지키는 채식주의자 부부가 있었다. 그들은 동물과 관련된 식품은 입에도 대지 않겠다고 결심했기에 막 태어난 신생아에게 사과주스와 두유만 먹였다. 그런데 6주 후, 아기는 굶어죽어 버렸고 그 때 체중은 겨우 1.6kg에 불과했다. 괴로움에 미칠 것 같아진

부모는 고의적인 살해와 과실치사, 아동학대 등 각종 중죄를 범해, 결국 둘 다 평생 보호감호 명령을 받게 되었다. 천재가 조금만 잘못하면 정신병자가 되고, 열정적인 이상주의자가 조금만 잘못하면 냉혹한 킬러로 돌변하는 이유가 바로 이 때문이다. 이런 극단적인 길을 가는 인생은 그저 웃음거리에 그치는 것이 아니라 완전히 비극으로 치닫게 된다.

【 원문 】

夫仁者, 己欲立而立人, 己欲達而達人. (雍也 第六)

【 해석 】

어짊의 기준은, 자신이 성공하길 바란다면 먼저 타인이 성공하도록 도와주고, 자신이 통달하길 바란다면 먼저 타인이 통달하도록 도와주는 것이다.

신용의 중요성

군신간에 신용이 없으면, 국가는 불안해진다.

君臣不信, 社稷不寧

공자는 비유를 통해 신용의 중요성을 이야기한다. 큰 수레든 작은 수레든 간에, 수레의 끌채와 수레를 끄는 짐승의 가로대를 연결해주는 쐐기 못이 없다면 수레를 끌 수 없게 된다. 사람도 신용이 없으면 이렇게 무슨 일이든 하기가 어려워진다. 사람의 신용 문제는 고대로부터 지금까지 한결같이 중요한 문제로 다뤄져 왔으며, 고금의 사상가들도 이에 대해 여러 차례 토론을 해왔다. 고대 사상가들의 토론은 《여씨춘추》의 《귀신貴信》에서 찾아볼 수 있다.

임금과 신하가 신용이 없으면, 백성이 비방하게 되고 국가는 불안해진다. 관리를 등용함에 신용이 없으면 관직이 낮은 자가 높은 자를 깔보고, 귀한 자와 비천한 자가 서로 경시하게 된다. 상벌에 신용이 없으면 백성은 범죄를 경시하고, 다스리기 어렵게 된다. 친구를 사귐에 신용이 없으면 서로 헤어지고 울분과 원한이 생기며 친밀해질 수 없다. 장인들이 신용이 없으면 기물이 조악하고 튼튼하지 않으며, 붉은 옻칠과 염색이 제대로 되지 않는다.

현대의 예는 《신청년新靑年》에 발표되었던 《나의 애국주의》를 들 수 있다.

사람이 신용이 없다는 것은 도덕적인 수치일 뿐 아니라 경제적으로도 부담이 된다. 정부에 신용이 없으면 돈의 가치가 떨어지고 국내에서 부채를 얻기가 어려워진다. 가장 끔찍한 결과는 국민이 믿고 맡길 수 있는 국가 은행이 없어 금융 대권이 외국인의 손에 넘어가게 된다는 것이다. 국민에게 신용이 없으면 개인투자 외에는 창업을 할 수 없게 된다. 공업이 발달한 이 시대에 자본을 모으지 못한다면 경영과 경쟁에서 뒤쳐질 수밖에 없다. 중국 사람들은 자금을 모아 투자를 하는 일을 사기詐欺의 또 다른 이름으로 여긴다. 그렇기에 국가에서 자금을 모아도 전혀 생기가 없고 성장의 기회는 완전히 사라져버린다. 구미인은 의식주 생활에서 남는 돈을 전부 은행에 저축하여 산업을 경영하고 사회 전반에 생명력을 만들어내기 때문에 재물과 재화도 점진적으로 성장하게 된다. 반면 중국 사회의 금융은 날이 갈수록 메말라가고 죽은 사람의 피처럼 무력하게 흐르지 않아, 앉아서 죽음을 기다릴 수밖에 없다. 그러므로 국민에게 신용이 없으면 나라의 금융은 절대 회생할 가망이 없다.

이런 신용 없는 국가의 말로는 정부는 빚을 내어 간신히 유지 되고, 국민은 도둑질로 살아가며, 가난한 삶에서 약한 삶으로, 약한 삶에서 몰락하는 삶으로 치닫는 것이다. 개인에게 신용이 없으면 그 해악은 정치, 경제 등 사회 각 영역에 두루 미치게 된다. 《여씨춘추》가 세상에 빛을 본 지 이미 이천년의 세월이 흘렀고 이 글도 발표된 지 어언 백 년의 시간이 흘렀지만, 현재까지도 이 글은 아주 큰 의미를 시사하고 있다.

【 원문 】

子曰: 人而無信, 不知其可也. 大車無輗, 小車無軏, 其何以 行之哉? (爲政 第二)

【 해석 】

공자 가라사대 "신용이 없는 사람은 무슨 일을 할 수 있을지 장담할 수 없다. 큰 수레에 끌채 끝 쐐기가 없고, 작은 수레에 끌채 끝 쐐기가 없다면 어떻게 끌고 다닐 수 있겠는가?"

❰ 배움으로 사귀는 친구 ❱

덕은 외롭지 않고 반드시 이웃을 얻는다.

德不孤, 必有隣

주희는 이렇게 말했다. "학문을 연구함으로 친구를 사귀고, 그럴 때 도는 더욱 밝아진다. 선을 행함으로 어짊을 돕고, 그럴 때 덕은 더욱 진보한다."

같은 소리는 서로를 이끌고 같은 기운은 서로를 알아본다고 혼자 연구하는 학문은 수준이 낮고 편협할 수밖에 없다. 친구가 많다보면 연구와 토론을 반복하게 된다. 좋은 스승과 좋은 친구, 좋은 책은 모두 성장 과정에 필요한 영양소와 촉매제 역할을 한다. 한漢나라 시대 사람은 이렇게 말했다. "현명한 스승과 좋은 친구를 곁에 두고, 《시詩》,《서書》,《예禮》,《악樂》을 앞에 놓고도 이를 버리고 선을 행하지 않는 사람은 많지 않다." 이 말은 아주 생생한 표현으로 핵심을 찔렀다. 당나라 시인 조영祖咏은 《청명연사훈류랑중별업淸明宴司勛劉郎中別業》에서 이렇게 말한다.

학문으로써 친구를 사귀고, 以文長會友

오직 덕으로써 이웃이 된다. 唯德自成隣

이 구절이 《논어》에서 변화 발전되었음은 두말할 나위도 없다. 앞 구절은 물론이고, 뒷 구절 역시 공자의 명언 "덕이 있으면 외롭지 않고 반드시 이웃을 얻는다. 德不孤, 必有隣"란 말을 다듬은 말임을 알아차릴 수 있다.

【 원문 】

曾子曰: 君子以文會友, 以友輔仁. (顏淵 第十二)

【 해석 】

증자 가로되 "군자는 배움을 통해서 친구를 사귀고 친구를 사귀므로 어짊과 덕을 더욱 넓혀나간다."

타산지석

세 사람이 길을 가면 반드시 내 스승이 있다.

三人行, 必有我師

공자는 이런 말을 했다. "세 사람이 길을 가면 반드시 내 스승이
있기 마련이다. 행동이 바른 사람을 택하여 그를 따르고, 행동이
바르지 못한 사람을 통해서는 나의 잘못을 고친다. 三人行, 必有
我師, 擇其善者而從之, 其不善者而改之"

동행자가 지혜롭든 지혜롭지 않든, 좋은 점이 있기만 하다면
나는 그를 스승으로 모실 수 있다는 것이다. 즉, 공자의 태도는
본 장의 '본받는' 자세에서 한 걸음 더 나아가 '따르는' 자세로까지
발전한 것이다. 나쁜 점은 이를 거울로 삼겠다는 것이며, 이 역시
본 장의 '스스로 반성하는' 자세에서 '고치는' 자세로까지 발전했
다. 이 두 장의 뜻은 정확하게 상호보충 관계를 이룬다.

이는 공자만의 생각은 아니며, 고대에는 매우 보편적인 생각이
었다. 노자 역시 이렇게 말했다. "선한 사람은 선하지 못한 사람

의 스승이 되고, 선하지 못한 사람은 선한 사람이 자신을 반성하는 거울이 된다. 善人者不善人之師, 不善人者善人之資"

순자는 이렇게 말했다. "선한 행위를 보면 반드시 엄격한 태도로 자신을 비춰보며, 선하지 못한 행위를 보면 두려운 마음으로 반드시 자신을 반성해야 한다. 見善, 修然必以自存也; 見不善, 愀然必以自省也"

이는 중국 사람들만의 생각이 아니라 외국인들에게도 보편적인 생각이었다. 고대 페르시아의 시인 사디Sa'di, Moshlefoddin Mosaleh는 그의 명저《장미원薔薇園》제2권에서 이런 대목을 적고 있다.

어떤 사람이 루크만Luqman(아라비아의 이솝이라 불리는 현자)에게 물었다.

"당신은 누구한테서 예의범절을 배웠습니까?"

"무례한 사람들에게 배웠지요. 해서는 안 되는 행동들은 저는 절대

하지 않으니까요." 루크만이 대답했다.

비록 아무 뜻 없이 던지는 농담이라 할지라도

지혜로운 사람은 그 중에서 많은 사색거리를 찾아낸다.

비록 천지가 사라져도 없어지지 않을 진리라 할지라도

어리석은 사람은 항상 농담으로 여긴다.

명나라 초에 성실하게 진리를 행하기를 강조하던 대 유학자 설선薛瑄은 아마도 "천하의 선한 지식인을 벗으로 사귀어도 부족하면 고대의 인물을 거슬러 논하게 된다. 以友天下之善士爲未足,

又尙論古之人"라는 맹자의 말에 깊은 영향을 받은 듯하다. 그는 한 걸음 더 나아가 현실 생활에서 존재하는 사람들뿐만 아니라 이미 작고한 역사 속의 인물도 본받음과 반성의 대상으로 삼아야 한다고 주장했다.

본받음과 자기반성의 대상은 당대 사람에만 국한되어서는 안 되며 옛 성현의 책에서 만나게 되는 과거 지혜로운 분들은 본받음의 대상으로 삼고, 과거 지혜롭지 못했던 사람들은 반성의 대상으로 삼아야 한다. 그럴 때 선함은 발전을 이루고 악을 제하는 효과도 더욱 커지게 된다.

이는 자신의 힘을 다해 과거와 현재의 모든 사람과 선의의 경쟁을 하겠다는 자세다. 이런 결심은 우리 같은 평범한 사람이 실행하게 된다면, (아니면 동경이라도 해보면) 멀게는 자신을 정화시켜 범속함과 고결함을 뛰어넘어 절세의 도를 얻게 될 것이지만, 가깝게는 우선 부끄럽고 추한 모습으로 만신창이가 된 자신을 백일하에 드러내야 할 것이다. 가혹한 이 학자는 자신이든 타인이든 간에 엄격한 잣대를 들이밀어 뒤로 물러설 여지조차 남겨두지 않았다. 오늘날을 사는 우리는 이렇게 실천할 수 있는 확고한 신념도 없고 이런 능력도 없기에 그저 옛 사람들의 말이 현실에 맞지 않다고 비웃으며 자신의 무력함을 감출 뿐이다.

【 원문 】

子曰: 見賢思齊焉, 見不賢而內自省也. (里仁 第十二)

【 해석 】

공자 가라사대 "현명한 사람을 보면 본받을 생각을 하고 현명하지 않은 사람을 보면 자기를 반성할 기회로 삼으라."

◤ 언행일치 ◥

말을 들은 후에 행동을 관찰한다.

聽其言而觀其行

공자의 제자 중에서 재주가 뛰어났던 재여宰予는 훤한 대낮에 낮
잠을 쿨쿨 잤기 때문에 공자는 그를 두고 "썩은 나무는 조각할
수 없고 분뇨로 된 벽은 덧칠을 할 수 없다. 朽木不可雕也, 糞土
之牆不可圬也"라고 꾸짖었다. 공자는 한 술 더 떠서, '말 잘하기'
로 소문난 재여의 행동 때문에 자신이 사람들을 대할 때 '말을 들
으면 그의 행동을 믿던' 구시대를 끝마치고, 이제는 '먼저 그의 말
을 들은 후에 그의 행동을 관찰하는' 신시대로 들어서게 되었다
고 선언한다.

　일반적으로 '낮에 잠을 잤다'는 것은 낮잠을 잤다는 뜻이다. 옛
사람들은 아침에 해가 뜨면 일을 하고, 해가 지면 일을 마치고 쉬
었다. "옛 사람은 한 척의 옥보다 촌음을 더욱 중요하게 여겨 시
간이 헛되이 지나갈까 두려워했다. 古人賤尺璧而重寸陰, 懼求

時之過己" 게다가 공자 본인이 지칠 줄 모르고 공부하는 스타일이었기 때문에 자연히 제자들이 돼지처럼 게으르게 사는 꼴을 보지 못했을 것이다. 그러나 공자가 이렇게 분기탱천한 데에는 이해가 가지 않는 구석도 있다. 고대 학자들은 재여 같은 우등생이라면 절대 돼지처럼 무위도식하며 살기는커녕 강철 같은 팔다리와 무쇠 같은 의지로 호랑이 같은 삶을 살았을 테지, 낮잠을 잘 여유는 전혀 없었을 것이라고 단정한다. 그리고 이 대목은 사제가 합작하여 꾸민 연극이라고 주장한다. 연극을 꾸민 원인은 재여가 후학들이 게으름을 부리고 싶은 마음이 생긴 것을 보았기 때문이며, 그가 일부러 낮잠을 자는 척한 후 공자가 많은 제자 앞에서 공개적으로 그를 혼내는 시늉을 했다는 것이다.

이 말 속에 숨은 뜻은 호랑이 저리 가라 할 만큼 튼튼하고 부지런한 재여가 스스로 쥐가 되기를 원해 공자에게 쥐 잡듯 잡히고 일벌백계의 대상이 되었다는 것이다. 좋은 일은 항상 쌍으로 오면 좋다는 말이 있어서인지, 작가들은 거짓 연극에 대해 이야기할 때면 이미 엄연한 고사성어가 된 '주유周瑜가 황개黃蓋를 때린 일(삼국지에서 오나라의 장수 황개를 조조의 진영으로 잠입시키기 위해 일부러 황개를 때린 일. 일명 고육책)' 하나만 들먹이기 매우 아쉬워하며 습관처럼 '공자가 재여를 욕한 일'을 들먹였다. 사람들은 꼭 때리고 욕을 하지 않으면 속이 시원하지 않은가 보다. 현대에 들어서는 학자들의 견해도 진화를 거듭해, 남다른 견해와 독창성을 가진 학자들이 우리에게 공자와 재여의 이 미스터리를 벗겨주고 있다.

현대의 학설은 이러하다. 공자가 머리에서 연기가 나도록 화를 낸 것은 재여가 낮잠을 잤다는 단순한 이유 때문만이 아니라는 것이다. 사실을 밝혀보면 낮에 잠을 잤다는 것은 낮에 성행위를 했다는 은어라는 주장이다. 그들은 본문 속의 '잠을 잤다'란 말의 뜻은 일반적인 잠이 아니라 아큐가 오씨 댁에게 사랑을 고백하며 "너하고 같이 자고 싶어."라고 한 그 '자다'라는 뜻이라고 주장한다. 이건 큰 평정함이 아니라 큰 움직임이 필요한 일이네! 구체적으로 말하자면 재여가 순간적으로 욕구를 참을 수 없어 벌건 대낮에 오밤중에나 해야 알맞을 수작을 염치없이 저질렀는데, 즐거움도 잠시, 그만 깐깐한 교장선생 같은 공자에게 잘못 걸려 귀가 아프도록 잔소리를 듣고 공자 마음대로 과장했으며, 게다가 파파라치 같은 《논어》의 작가들에게까지 걸려 마치 엄청난 횡재나 건진 듯 《논어》에 기록되었다는 것이다. 이런 비범한 상상력을 가지고 이 땅에 태어나 인터넷 소설가나 텔레비전 연속극 작가가 되지 않고 이런 데 와서 《논어》나 짓밟으며 재여를 희롱하는 이들을 볼 때, 나는 정말 큰(?) 인재가 썩고 있다는 생각이 든다. 정말 재주가 아깝다.

'낮에 잠을 잤다'는 데에 대해서는 다른 해석들도 있지만, 상황에 별로 맞지 않기에 여기서는 다시 거론하지 않겠다. 여하튼 별로 좋은 뜻은 아니라는 것이다. 리링李零은 공자가 재여를 욕한 이유가 낮에 잠을 자서가 아니라 그의 언행이 불일치했기 때문이라고 주장한다. "재여는 말을 잘 하는 학생이었습니다. 제 추측으로는, 재여가 공자 앞에서 반드시 밤새워 공부하고 낮에도 열심히 자기 할 일을 하겠다고 맹세를 했기 때문에 공자가 참말로 여기고 아주 기뻐했는데 어이없게도 대낮에 낮잠 자는 장면을 발견해서 화가 머리끝까지 난 것 같습니다."

이런 가설도 불가능한 것은 아니다. 중요한 것은 공자가 머리끝까지 화를 낸 후에 한탄한 푸념 속에서 사람과 사물을 관찰하는 원칙을 알 수 있다는 것이다. 이 원칙은 현 시대에서도 탄복할 수밖에 없는 설득력을 자랑한다. 자즈팡賈植芳은《만년의 단상暮年斷想》에서 이렇게 적고 있다.

'문화혁명' 이전, 나는 유가의 가르침을 따랐다. 사람과 사물, 위정자에 대해 '말을 들으면 그의 행동을 믿었다' 즉 인간관계에 대한 공자의 초기적 관점을 가지고 있었던 셈이다. 그러나 50년대에 물밀듯이 밀려오던 '계급투쟁'의 파도와 실천의 고난, 반성의 나날을 거친 후, 나는 공자가 말한 "지금 나는 사람들을 대할 때, 먼저 그의 말을 들은 후에 그의 행동을 관찰한다."라는 말의 참뜻을 알게 되었다. 실천은 진리를 검증하는 유일한 기준이기 때문에 실천을 할 때만이 진정한 깨달음을 얻게 된다. 그러나 나는 젊은 시절 산골 서당에서 글공부를 하며 귀에 너무나 익숙하고 잘 알고 있던, 사람과 사물을 평가하는 이 유가의 관점을 50년대를 지나 거의 70년대 중반이 되어서야 겨우 현실 생활과 결합시킬 수 있었고 그 뜻을 깨달을 수 있었다. 그 대가로 나는 내 생명에 과부하가 걸릴

만큼의 초과지출을 하게 되었다. 셰익스피어가 자신의 희곡《뜻대로 하세요As you like it》에서 말한 "시간은 모든 범죄를 심사하는 가장 노련한 재판관이다."라는 말처럼 말이다.

단순한 이해에서 복잡한 깨달음으로 인식을 전환하기까지, 이 노작가는 십 수 년간의 뼈아픈 수감생활을 거쳐야만 했다.

〘원문〙

始吾於人也, 聽其言而信其行. 今吾於人也, 聽其言而觀其行. (公冶長 第五)

〘해석〙

과거 나는 사람들을 대할 때, 말을 들으면 그의 행동을 믿었다. 그러나 지금 나는 사람들을 대할 때, 먼저 그의 말을 들은 후에 그의 행동을 관찰한다.

백일몽

사람은 누구나 이해할 수 없는 부분이 있다.

人有一点不可理喻之處

공산불요公山弗擾는 공산불유公山不狃라고도 불린, 노나라 최대의 세력가였던 귀족 계씨의 가신이었다. 《사기》 공자세가의 기록에 따르면, 그는 노나라 정공定公 9년에 비성을 점거하고 계씨를 배반했으며 공자에게 사신을 보냈다고 한다. 공자는 계씨가 정식왕조를 함부로 여기고 오래도록 횡포와 독재를 휘두른 것에 불만을 가진데다가, 자신의 정치적인 주장을 펼치고 정치이상을 실천할 수 있는 무대를 찾길 너무나 갈망했기에 그를 찾아가고 싶은 마음이 굴뚝같았다. 그는 심지어 "주 문왕과 무왕은 풍호豊鎬에서 일어났다. 오늘날 비성도 비록 작지만 어쩌면 큰일을 할 수 있을 것이다."라고 대놓고 말했다. 그는 비읍費邑을 주나라 예의를 전면적으로 회복할 엄연한 혁명근거지로 여긴 것이다.

　《논어》에서 《사기》까지의 사적을 살펴보면, 그는 거기서 혼잣

237

말을 하며 백일몽에 빠져 다른 것은 전혀 고려하지 않은 것처럼 보인다. 그의 생각이 백일몽이라는 첫 번째 이유는 현실상 비록 공산불요의 반란은 일어났지만 상황은 아직 완전히 종결되지 않은 상태라는 것이고, 둘째는 공산불요가 반란을 일으킨 반역자로서 큰 뜻을 함께 하기엔 부족하다는 것이며, 셋째는 비읍은 콩알만 한 땅으로 역사변혁의 거대한 파도를 일으키기엔 역부족인 지역이라는 점을 들 수 있다. 한 평생 주도면밀한 사고를 해왔던 공자가 이 정도로까지 순식간에 멍청해졌기 때문에 최술崔述, 피석서皮錫瑞 등 청나라의 경학자들은 이 글에 신뢰성이 없다고 의심한다. 그러나 현대 비평가 리장즈李長之는 이렇게 한 가지밖에 모르는 단순한 사고 속에 공자의 사랑스러움이 깃들어 있다고 말한다.

공자는 자신의 이상을 실현하고 싶은 마음이 너무나 강렬했다. 그래서 사실과는 아주 거리가 먼 일에도 기뻐 어쩔 줄 몰라 했으며, 철없어 보이고 천진난만한 어린아이 같은 면이 있었다. 그 예로는 공자 나이 50세 때 공산불유가 비읍에서 계씨를 배반하고 공자를 불렀을 때의 일을 들 수 있다. 상황으로 따지자면 별달리 기대할 것도 없는 상황이고, 사실에 근거해 말하자면 현실과는 너무 거리감이 있었다. 그러나 공자는 이미 너무나 기쁜 나머지 "주 문왕과 무왕은 풍호豐鎬에서 일어났다. 오늘날 비성도 비록 작지만 어쩌면 큰일을 할 수 있을 것이다."라고 했다. 또 "나를 불렀으면 나를 쓸 계획을 세워두지 않았겠느냐? 정말 나를 기용할 사람이 있다면 나는 주나라의 법도를 다시 동방에 시행할 수 있지 않겠느냐?"라고 흥분했다. 그의 상상 속에서 그는 이미 주 문왕, 무왕이 되었고, 주와 같은 천하를 건설한 것이다. 이런 면에서 나는 그에게 돈키호테의 정신이 있다고 생각한다. 왜냐하면 공자는 돈키호테의 열정을 닮았고, 자부심을 닮았으며, 이해관계를 따지지 않는 모습이 닮았고. 상상 속에 자신의 인생을 건설했다는 점에서 더욱 닮았기 때문이다. 이런 공자의 성격은 황당한 공자를 보여준다. 멋있고 사랑스러운 돈키호테여! 그러나 이런 약점이 공자의 위대함을 가릴 수는 없다. 인간은 본디 인간일 뿐, 논리에 따라서만 살 수 있는 것이 아니기 때문이다. 생명의 근원에는 본래 연기와 안개가 자욱해 흐릿하며, 물이 너무 깨끗해도 고기가 살 수 없는 법이다. 이런 점에서 본다면 공자 정신의 핵심에는 낭만이 자리 잡고 있다고 할 수 있다.

즉, 사람이라면 황당한 생각 내지는 황당한 일을 하게 마련이다. 이 세상에 완벽한 사람이란 존재하지 않는다. 설령 존재한다 해도, 그런 사람은 무섭다고까지는 할 수 없어도 적어도 사랑스럽게 보이기는 어려울 것이다. 지혜로웠던 작가 오스카 와일드Oscar Wilde는 일찍이 이런 현명한 말을 했다.

사람에게는 누구나 이해할 수 없는 부분이 있게 마련이다.

公山弗擾以費畔, 召, 子欲往.
子路不悅, 曰: 末之也已, 何必公山氏之之也!
子曰: 夫召我者, 豈徒哉? 如有用我者, 吾其爲東周乎!

(陽貨 第十七)

【 해 석 】

공산불요가 비읍을 차지하고 계씨를 배반했다. 그가 공자를 청하자 공자
는 그를 찾아가려했다. 자로는 기분이 나빠 말했다. "아무리 갈 데가 없더
라도 그만 두시죠. 공산불요한테는 왜 가려고 하십니까!" 공자가 말했다.
"나를 불렀으면 나를 쓸 계획을 세워두지 않았겠느냐? 정말 나를 기용할
사람이 있다면 나는 주나라의 법도를 다시 동방에 시행할 수 있지 않겠느
냐?"

6부

인생의 의미

명쾌한 논어,
21세기에 답하다

사제 간의 포부

젊은이를 사랑하고 관심을 가지는 것
少者懷之

이 대목은 사제 간의 허물없는 교류를 보여주는 실황중계 방송이다. 공자의 제자 중에서도 가장 '무관'적인 기질이 강한 자로와 가장 '문관'적인 기질이 강한 안회가 각기 자신의 포부를 이야기했다. 자로는 솔직하고 시원시원하며, 안회는 겸손하고 신중하고, 공자는 평온하며 자애로운 모습이 아주 생생하게 묘사되고 있다. 저우쭤런은 말한다.

나는 이 장을 매우 좋아한다. 사상이 좋다기보다는 이렇게 말할 수 있다는 그 경지가 좋기 때문이다. 스승과 제자 세 명이 한가로이 거하며 각자의 포부를 이야기하는데, 후대의 문인들처럼 새로운 정치로 세상을 깨끗하게 개혁하겠다는 둥의 큰소리는 전혀 찾아볼 수 없다. 모두 아주 솔직하게 자신의 희망사항만을 말하고 있다. 비록 각각의 희망사항은 크기와 넓이가 서로 다르지만, 그 포부는 전부 백성을 널리 구제하겠다는 것이다. 자신의 분수를 잘 알고 그렇게 소박한 언어로서 자신에게 딱 맞는 포부를 발표하니 정말 기가 막힌 글이라고 할 수 있다. 나는 이 장이 공자의 진정한 기상을 제대로 드러내는 매우 귀중한 대목이라고 생각한다.

이렇게 요지를 정확히 파악한 평론 역시 마찬가지로 매우 귀중하다고 할 수 있다.

【 원문 】

顔淵季路侍.

子曰: 盍各言爾志?

子路曰: 愿車馬衣輕裘與朋友共, 敝之而無憾.

顔淵曰: 愿無伐善, 無施勞.

子路曰: 愿聞子之志.

子曰: 老者安之, 朋友信之, 少者懷之. (公冶長 第五)

【 해 석 】

안연과 자로가 공자를 모시고 옆에 서 있었다.

공자가 물었다. "너희들 각자 포부를 말해 보는 게 어떻겠느냐?"

자로가 말했다. "저는 제 수레와 말, 옷과 가죽옷들을 가져다가 친구와 함께 나눠 쓰고 그것들이 다 낡아져도 원망하지 않겠습니다."

안연이 말했다. "저는 제 장점을 자랑하지 않고 공적을 과시하지 않겠습니다."

자로가 말했다. "선생님의 포부도 들어보고 싶습니다."

공자가 말했다. "노인은 위로하고, 친구는 신뢰하며 젊은이를 사랑하고 관심을 갖는 것이다."

❉ 안타까운 요절 ❉

꽃은 피어도 열매 맺지 못한 자
秀而不實者

원문에서 수秀란 꽃이 수술을 내밀고 피어나는 것을 말하며, 실
實이란 단물이 들고 열매를 맺는 것을 말한다. 이 구절은《논어》
에서 공자가 안회를 두고 한두 마디 칭찬한 후에 바로 등장한다.
첫 번째 칭찬은 안회의 열심에 대한 것이었는데 안회는 '공자가
말할 때 한 번도 딴청을 피우지 않았다. 語之而不惰'이고, 두 번
째 칭찬은 안회의 부지런함에 대한 것이었는데 '앞으로 나갈 뿐
멈추지 않는다. 有進而無止'라는 것이다. 그리고 바로 뒤에 이 구
절이 이어진다. 그래서 역대의 학자들은 대부분 이 글귀가 앞의
두 글귀에 이어진 것이라고 여겼지만, 사실은 공자가 자연현상을
빌어 안회에 대한 그리움을 표현한 것이라 봐야 한다. 그러므로
'싹은 나지만 꽃이 피지 않을 수 있는 것'과 '꽃은 피지만 열매는
맺지 않을 수 있는 것'이란 말은 뛰어난 재능을 가지고도 일찍이

요절한 청년을 표현하는 어구가 되었다.

수많은 제자 중에서 안회는 공자와 가장 뜻이 잘 맞고 마음이 잘 통하는 제자였다. 그래서 그는 공자 문하의 72제자 중에서도 수제자로 공인되었다. 그러나 안타깝게도 가정형편이 가난한데다가 너무 열심히 공부한 탓에 단명하고 말았다. 공자는 그의 죽음을 슬퍼하며 통곡하다가 목소리가 쉴 정도로 가슴 아파했다고 한다. 훗날 노나라 애공哀公이 "제자 중에서 누가 제일 열심히 공부합니까?"라고 묻자 공자는 실의에 가득 찬 목소리로 이렇게 대답했다. "예전에는 안회라는 제자가 있었지만, 지금은 없소이다. 그 애만큼 공부를 열심히 한다는 이야기는 다시는 들어보지 못했습니다." 안회가 공자의 마음속에서 차지하는 독보적인 위치를 알 수 있는 대목이다.

만일 이 두 구절을 안회와 연결시키지 않는다면 학업에 있어 큰 진보를 이루고, 원대한 이상도 있지만 이를 끝까지 지속하지 못해 결국 아무것도 이루지 못하는 학생에 대한 공자의 아쉬움을 나타냈다고 할 수 있다. 염유도 그런 핑계를 댄 적이 있었다. "선생님의 학설을 좋아하지 않기 때문이 아니라 제 능력이 부족하기 때문입니다." 그러자 공자는 당장에 그 말을 반박했다. "능력이 부족한 사람은 열심히 걷다 못해 지쳐 못 걷게 된 사람을 말하는 게다. 그렇지만 지금 너는 일어날 생각조차 안 하고 있다!" 주희 역시 몹시 불만에 찬 어조로 이렇게 말했다.

매번 학자들은 천리 길을 마다하지 않고 이곳에 와서 강의를 한다. 그렇다면 그 강의를 진지하게 대해야만 할 터인데 그 후에 살펴보면 그들 대부분은 도리의 20~30%만 실천할 뿐, 그저 이 도리를 알고 있다는 데에 만족하고 있었다.

자질이 부족하다고 해서 기회가 없는 것이 아니다. 그러나 100% 노력하려 들지 않는 현상은 현대에서도 동일하게 나타나고 있다. 대학원생이 된다 할지라도 학문에는 전혀 관심이 없고 그저 졸업장이나 하나 따 자기 밥그릇이나 챙기려는 생각만 한다면, 그 사람은 "싹은 나지만 꽃은 피지 않고 꽃은 피지만 열매는 맺지 않는" 미완성품이 될 것이다. 안회의 학구열과 비교해보면, 적극적인 자세와 소극적인 자세가 어떤 것인지 확연히 드러난다. 그러므로 후자는 공자의 그리움의 대상이 되었고, 전자는 주희에게 증오의 대상이 되었다.

【 원문 】

子曰: 苗而不秀者有矣夫! 秀而不實者有矣夫! (子罕 第九)

【 해석 】

공자 가라사대 "싹은 나지만 꽃이 피지 않을 수 있다! 꽃은 피지만 열매는 맺지 않을 수 있다!"

📘 장수는 수명이 줄어드는 것 📘

근심 속에 즐거움이 있고, 즐거움 속에 근심이 있다.

憂中有樂, 樂中有憂

노년에 접어든 시인 펑즈/馮至의 가슴을 두려움에 쿵쾅거리게 만든 것은 바로 괴테Goethe가 쓴《나이》라는 시다.

나이는 가장 사랑스러운 사람이다.

그들은 어제를 선물했고, 또 오늘을 선물했다.

우리 젊은이들이 이런 세월을 보낼 때는

가장 사랑스러운 삶에 아무런 근심도 걱정도 없다.

그러나 나이, 그것은 순식간에 변한다.

다시는 예전처럼 사람을 기쁘게 해주지 않는다.

다시는 선물도, 빌려주는 것도 없다.

그들은 오늘을 가져가고, 또 내일을 가져간다.

세월은 젊은이들에게 있어서 끊임없는 선물과 마찬가지다. '어제를 선물했고, 또 오늘을 선물했다.' 그러나 노인들에게 있어 세월은 인정사정없이 모든 것을 빼앗아가는 약탈자다. 오늘을 가져가고 또 내일을 가져간다. 펑즈는 마침내 과거 자신이 누렸던 날들을 이제는 세월이 하루하루 되찾아가고 있다는 사실을 깨닫고 두려움에 떨지 않을 수 없었다. 친구가 생일을 맞아 축하편지를 보내오자 그는 이 시를 답장으로 적어 보냈다.

펑즈가 '두려움에 떨지 않을 수 없었던' 이유는 바로 공자가 말한 "한편으로는 우리를 두렵게 한다."는 말과 같은 뜻이다. 젊은이의 생일은 성장하고 있다는 표시로 축하를 받을 만한 것이다. 그러나 노년의 생일은 그렇지 않다. 노년의 생일은 이중성을 띠고 있다. 나이가 더 많이 들면 들수록 저승사자가 찾아올 날은 더욱 가까워지기 때문이다. 청년의 생일은 즐겁지만 노인의 생일은 사람을 두렵게 한다. 공자의 말은 이런 이중성을 모두 담고 있다.

첸중슈는 이것이 바로 '근심 중에 즐거움이 있고, 즐거움 중에 근심이 있는' 상황의 실례라고 말한다. 첸중슈는 만년에 생일을 축하하는 행사를 하자는 호사가들의 선의를 항상 거절했다. 이유는 이렇다. "송나라 시에서는 '늙어 나이 드는 것은 수명이 줄어드는 것 老去增年是減年'이라고 했습니다. 나이를 한 살 더 먹는 것은 물론 축하할 일이지만 수명이 한 살 줄어드는 것은 슬퍼해야 할 일이지요. 축하해야 할 일도 하나 있고, 슬퍼해야 할 일도 하나 있으니 서로 비긴 셈 아닙니까?" 그의 말은 공자의 명언에 좋은 설명이 되고 있다. 그러나 이렇게 눈치 없이 착한 일을 벌이려는 사람들은 이미 일정한 연령이 된 노인들의 생일만 축하할 뿐 아니라 아직 축하받을 나이가 되지 않은 사람들까지도 친절하게 나이를 올림 해 미리 축하해 주려고 부산을 떤다. 여류작가 쑤쉐린蘇雪林은 편지에서 격분하여 말했다.

> 작년 3월말, 성공成功 대학과 각 문예계는 나를 위해 100세 생일을 치러주겠다고 난리였다. 나는 청나라 광서光緒 23년, 을유乙酉년에 태어났으니 닭띠로 아직 100세가 되지 않은 98세이다. 중국 사람들은 다른 것은 전혀 할 줄 모르고 생일축하에만 열을 올리기 좋아해, 윤년 윤달까지 전부 계산해 억지로라도 장수고령자를 만들어 내려고 하는데, 나는 이런 세태를 혐오한다.

형식상으로는 장수를 축하하는 것 같지만 실제로는 빨리 나이가 들기를 바란다는 이야기니 빨리 죽기를 바라는 것이나 마찬가지다. 축하를 받는 사람이 기뻐하기는커녕 오히려 화만 버럭 내고 '혐오한다'고 한 것이 충분히 이해가 간다. 사실 축하를 하려는 사람은 이런 심리를 간과하기 쉽다. 그러나 그들이 당사자의 심리를 간과하고 만 이유는 타인을 세심하게 배려하지 못하기 때문이며, 그 세심하지 못함은 바로 《논어》를 읽지 않았기에 생긴 것이다. 그들은 나이가 들어가는 즐거움만 생각할 뿐, 수명이 줄어드는 두려움에 대해서는 전혀 이해하지 못한 것이다.

【 원문 】

子曰: 父母之年, 不可不知也. 一則以喜, 一則以懼 (里仁 第四)

【 해 석 】

공자 가라사대 "부모님의 연세는 기억하지 않을 수 없다. 한편으로는 우리
를 기쁘게 하지만 한편으로는 두렵게 하기 때문이다."

✂ 젊은 후배가 두렵다 ✂

지혜로운 노인들은 청년을 부러워한다.

智的老者羨慕靑年

후생가외後生可畏라는 말은 젊은이들에 대한 공자의 부러움이요 격려이다. 청춘은 가장 희망이 넘치는 시기다. 청년들은 가장 아름답고 젊으며 뭘 해도 해내지 못할 일이 없다. 그러나 세월이 가면 갈수록 몸은 점점 쇠약해지고 소년과 장년 시기, 우리가 별로 노력하지 않는 사이에 중년과 노년은 순식간에 우리 곁에 찾아온다. 주희는 이 부분을 아주 잘 해석해 놓았다.

공자는 젊은이들은 젊고 활기가 넘쳐 많은 것을 배울 수 있고 가능성이 풍부하기에 두려워할 존재이며, 미래에 그들이 오늘날의 나보다 못할 지 어떻게 알겠느냐고 묻는다. 그러나 열심히 공부하지 않아 나이가 들어서도 아무런 업적을 이루지 못한다면, 두려워할 만하지 못한 것이다. 공자는 이 말을 통해 사람들이 열심히 노력하도록 경고하고 있다.

영어권에서 공자의 사상을 가장 잘 해석한다고 자부하는 미국의 시인 에즈라 파운드Ezra Pound는 공자의 말을 그대로 시에 대입하여 이렇게 선언했다.

오십 세가 되어도 아무것도 모르는 사람이 있다면
존중받을 가치가 없다.

노령의 나이에 들어선 작가 무신木心은 말한다. "어리석은 노인들은 청년을 혐오하고, 교활한 노인들은 청년을 질투하지만 인자하고 지혜로운 노인들은 청년을 부러워한다고 한다. 그런데 나 스스로는 '내가 젊었을 때 나이 드신 분들의 부러움을 산 적이 있었나? 난 왜 전혀 기억이 안 나는 거지?'라는 의구심을 떨칠 수 없었다." 안타까운 것은 "아무리 노인들이 젊은이들을 부러워하며 솔직담백한 고백을 하더라도, 젊은이들은 항상 이것을 마음에 두지 않고 아무것도 느끼지 못한다."는 것이다.

그렇다면 우리는 공자의 교훈을 다시 한 번 잘 읽어보고 온전한 감각을 회복해 보도록 하자.

子曰: 後生可畏, 焉知來者之不如今也? 四十五十而無聞焉,
　　斯亦不足畏也已. (子罕 第九)

【해석】

공자 가라사대 "젊은이들은 두려워할 만하다. 이들이 미래에 지금 이 세대
보다 못하다고 누가 말할 수 있을까? 그들이 40, 50대가 되어도 여전히 아
무런 명성을 듣지 못한다면 그것이 바로 두려워할 만하지 못한 것이다."

▐ 때를 기다려라 ▐

술이 사람을 취하게 하는 것이 아니라 사람이 스스로 취하는 것이다.

酒不醉人人自醉

맹자의 말에 의하면 공자는 '가야 할 때 가고, 남아야 할 때 남았으며, 은거해야 할 때 은거하고 관직에 나서야 할 때 관직에 나섰다. 可以速而速, 可以久而久, 可以處而處, 可以士而士'라고 한다. 공자가 제자들을 이끌고 열국을 주유한 목적은 자신의 정치적인 주장을 팔려는데 있었기에, 그는 관직만 하나 얻으면 만족이라고 여기지 않았다. 그래서 젊은 시절에는 누가 성미에 맞지 않는 말 한 마디라도 하면 소매를 털고 자리를 박차고 일어나기를 잘 했다.

위衛나라의 영공靈公이 공자와 함께 군사에 대한 이야기를 하려하자, 공자는 강경한 태도로 말했다. "제사나 예의에 관한 일은 들어본 일이 있지만 군사를 동원하고 전쟁을 하는 일에 대해서는 저는 전혀 들어본 일이 없습니다." 그리고 그 다음 날 바로 위나라를 떠났다. 떠나는 길에 진陳나라에서 먹을 양식이 떨어지자 자로는 치밀어 오르는 화를 억누르지 못해 원망에 가득 찬 말투로 자기 스승을 책망했다. "군자도 곤경에 빠지고 막다른 골목에 이르는 신세가 될 수 있습니까?"

약삭빠르게 기회를 포착하지 못하고 자기 뜻을 굽혀 강자에게 영합할 줄 모르는 스승에 대해서, 자공 역시 비슷한 견해를 가지고 있었다. 그러나 그는 눈치가 빨랐기 때문에 자로처럼 공격적인 말을 하지는 않았다. 또 사업하는 사람이었기에 사업적인 이야기로 답을 유도했다. 그는 공자의 제자들 중에서 사업 경영으로 먼저 부자가 된 사람 중에 하나였다. 그래서 아름다운 옥을 비유로 들어 스승에게 이것을 팔아야 할지 아닐지 물었다. 공자는 당연히 팔아야 한다고 거듭 말했지만, 좋은 가격이 매겨질 때까지 기다려야 한다는 전제를 제시했다.

송나라의 유학자 범조우範祖禹는 "군자는 관직에 오르고 싶지 않을 리가 없지만, 예의로 대우하지 않으면 싫어한다. 선비가 예의를 기다림은 마치 옥이 가치가 오를 때를 기다리는 것과 같으며 '사람을 따를 때도 도를 실추시키지 않는다.'고 했다.

범조우의 말은 틀린 말이 아니지만, 재미가 없다. 충분히 재미를 느낄 수 있도록 말을 잘하는 사람으로는 린위탕을 꼽을 수 있다. 그는 《공자를 생각함思孔子》이란 책에서 공자의 유머감각을 높이 사며 자신이 '그 발아래 엎드려 절을 하겠다'고 할 정도로 감탄하고 있다.

《사기》 공자세가의 기록에 따르면 공자는 노중에서 제자들을 잃어버리게 되었다고 한다. 어떤 사람이 자공에게 "동문에 어떤 사람이 있는데 이마는 요임금, 목은 고요皋陶(요·순·우 임금 시대의 사법관)같고 어깨는 자산子産(춘추전국시대 사상가로 법가의 선구자) 같은데 다만 허리부터 아래까지가 하나라 우임금보다 세 치가 짧은 사람을 봤습니다. 바싹 마르고 지친 모습이 꼭 '상갓집 개' 같습디다."라는 말을 했다. 자공은 이 말을 차마 자기만 알고 있을 수 없어서 공자를 만나자마자 한 마디도 빼놓지 않고 그대로 일러주었다. 이 말을 들은 공자는 배꼽을 잡고 웃으며 "내가 그렇게 생기진 않았지 않나?"라고 했지만 "그래도 상갓집 개 같다니, 맞긴 맞네!"라고 응수했다. 린위탕은 공자의 이런 태도에 크게 매료되었다.

오늘날 대학에서 '선생님이 꼭 상갓집 개같이 생겼대요'라며 다른 사람이 한 말을 교수에게 그대로 전할 수 있는 용감한 학생이 있을까? 하지만 자공은 사실 그대로를 용감하게 이야기했다. 오늘날 대학교수들 중에 누가 감히 이런 말을 받아줄 수 있을까? 하지만 공자는 아주 솔직담백하게 이를 받아들였고, 화도 내지 않았다. 이는 최상급 유머에 해당한다. 누군가를 비웃으려는 뜻도 전혀 없으며 타인을 향해 웃으며 또 자신을 향해 웃고 있다. 다정하고 친근하며 따뜻한 그 모습을 보면 누구라도 사랑하지 않고는 배길 수가 없다. 모두들 유학자는 위선적이라고 알고 있지만 공자는 전혀 위선적이지 않았다. 교수는 학생들에게 허세를 부리려 하지만 공자는 자공에게 절대 허세를 부리지 않았다. 어떻게 그 사실을 알 수 있을까? 만일 공자가 허세를 부렸다면 자공도 자신이 들은 이야기를 결코 사실대로 이야기하지 못했을 것이다.

또한 '여기에 아름다운 옥이 하나 있습니다'라고 비유를 든 자공에게 공자가 해준 답 역시 그러하다.

"팝니다! 팔아요! 沽之哉! 沽之哉!"라고 한 말은 무슨 뜻일까? 이것은 고대 삼왕조 시대에 장사꾼들이 물건을 팔 때 외치는 소리였다. 공자는 이를 흉내 내어 말했지만, 자신은 비싼 값이 매겨질 때까지 기다리겠다고 했다. 사실 그가 지금 스스로를 비웃고 있다는 것을 잘 알 수 있다. 그러나 공자와 제자들이 한가할 때 주고받았던 해학과 익살이 넘치는 그 많은 말들을 누가 다시 증명해줄 수 있을까?

《논어》의 이 절은 린위탕의 극찬을 받았을 뿐 아니라 전고典故로써 쳰중수의 《포위된 성圍城》(1947년 발표된 소설)에까지 인용되었다. 공자의 이 구절은 팡홍젠方鴻漸, 자오신메이趙辛楣, 리메이팅李梅庭, 꾸얼쳰顧爾謙, 쑨러우자孫柔嘉가 함께 삼려三閭대학에 가는 길에 독수리 연못을 지나 작은 여관에 묵게 되면서, 팡홍젠과 자오신메이가 한 방에서 대화하는 대목에 출현한다.

신메이가 말했다. "우리 이 방이 제일 좋은 것 같아. 길가에다가 햇빛도 제일 많이 들어오고 침대에는 침대휘장까지 있잖아. 그런데 나는 여관이불 덮고 자고 싶지는 않다. 이따가 다른 방법을 좀 찾아봐야겠는 걸." 홍젠이 말했다. "방이 그렇게 좋다면서 왜 쑨 양孃한테 양보하지 않았어?" 신메이는 벽을 가리키며 말했다. "저기 좀 봐." 하얀 회칠이 떨어져가는 벽에는 옅은 검정 글씨가 삐뚤삐뚤 적혀 있었다. '독수리 연못을 지나 왕메이위王美玉 여사와 사랑했기에 두 사람이 여기에 글을 남겨 영원한 기념을 삼다. 지난濟南에서 쉬다룽許大隆 적음' 중화민국 력으로 적은 연월일을 따져보니, 바로 어제 저녁에 쓴 글씨였다. 뒤쪽에는 쉬다룽의 것인 듯싶은 먹으로 쓴 시 한 수가 적혀 있었다.

술이 사람을 취하게 하는 것이 아니라 사람이 스스로 취하는 것이다. 색욕이 사람을 미혹하는 것이 아니라 사람이 스스로 미혹되는 것이다.
오늘 아침 인연이 있어 함께 모였지만
내일이면 너는 동으로, 나는 서로 갈 테지.

또 '나으리가 나가신다!'라는 말이 적혀 있었다. 그 감탄부호는 쉬 선생이 경극의 방백을 흥얼거리는 목소리 톤으로 채찍을 휘두르는, 매우 흥분된 표정을 떠올리게 했다. 그 외에도 연필로 쓴 작은 글씨가 있었는데 모두 왕메이위에 관한 것이었다. 아마도 쉬 선생

명쾌한 논어, 21세기에 담하다

이 술에 취해 색욕에 미혹되었던 그날 밤 이전에, 곁에 있던 사람이 적은 듯 했다. 왜냐하면 쉬 선생의 시는 바로 '고독한 왕은 독수리 연못 궁궐에서 술이 취했고, 왕메이위는 너무나 아름답다'라고 연필로 쓴 글씨 위에 덧 쓰여져 있었기 때문이었다.

그들 일행은 밖에 나가 차표를 사려 했지만 결국 사지 못했다.

모두 힘없이 다시 여관으로 돌아와야 했는데, 맞은편에 여자 하나가 문가에 기대어 담배를 피우는 모습이 보였다. 이 여자는 광대뼈가 튀어나오고 얼굴은 뾰족했으며, 무엇으로 지져냈는지 모를 괴상한 파마머리에 꼭 중국 사의화寫意畵(간략하게 경치를 그려내는 중국 경물화 기법) 속에 나오는 만개한 매화나무처럼, 목에다 하얀 스카프를 두르고 초록색 비단 치파오를 입은 채 사람들의 시선을 한 눈에 끌고 있었다. 그러나 그 치파오는 옷감이 너무 반짝이는 게 꼭 젊은 아가씨들이 치파오 속에 받쳐 입는 속감 같은 느낌이 들었다. 신메이는 훙젠의 옷통을 두드리며 말했다.

"이게 바로 여기 아름다운 옥이 하나 있습니다."랑 똑같은 상황이네." 훙젠은 웃으며 말했다. "나도 그렇게 생각했어." 꾸얼첸은 그들이 《논어》를 읊어대는 것을 보고 무슨 이야기인지 영문을 몰라 되물었다. "뭐라고?" 리메이팅은 눈치가 빨랐다. "얼첸, 저렇게 차려입은 여자가 왜 여기에 있겠어? 근데, 너희들은 왜 갑자기 《논어》 타령을 하는 거야?" 훙젠이 말했다. "우리 방에 한 번 와 봐."

'여기에 아름다운 옥이 있습니다'라고 인용한 구절은, 앞에서 복선으로 깔아놓은 '왕메이위'라는 이름과 맞아떨어진다. 또 '팝니다! 팔아요! 하지만 나는 좋은 가격에 팔 수 있을 때까지 기다리겠소'라고 말하는 직업적인 특색을 암시하면서 성인의 조소를 창녀의 광고로 바꿔치기 해버린다. 앞뒤가 감쪽같이 맞아떨어지면서도 공자의 진지한 글을 예상치 못한 방법으로 비틀어버린 이 글은, 할 수 있는 모든 나쁜 묘사는 다 해내면서도 그와 동시에 모든 기막힌 수법들을 다 동원했다. 현대 명작소설 중에서 《논어》에 나오는 글로 등장인물의 이름을 명명해 풍자를 시도한 예는 바진巴金의 《가家》를 들 수 있다. 《가》에서는 입만 벙긋하면 인의도덕 타령에, 남자는 다 도둑이고 여자는 다 오입쟁이라고 여기는 공자교 회장 펑러산馮樂山이 나온다. 그의 이름은 '어진 사람은 산을 좋아한다 仁者樂山'라고 한 공자의 말 중, '러산樂山'에서 따온 것이다. 펑러산이 '어진 사람'이란 탈을 쓰고는 있다는 풍자는 그가 빛 좋은 개살구에 위선자임을 더욱 선명하게 드러내준다. 첸중슈는 익살을 부리고 있고, 빠진은 침통하다. 비록 두 작가는 서로 다른 곡조의 노래를 부르고 있긴 하지만 같은 가사를 쓰고 있다는 것만은 분명하다.

子貢曰: 有美玉於斯, 韞櫝而藏諸? 求善賈而沽諸?
子曰: 沽之哉! 沽之哉! 我待賈者也. (子罕 第九)

【 해 석 】

자공이 말했다. "여기에 아름다운 옥이 하나 있습니다. 상자에 넣어 보관
할까요? 아니면 좋은 가격에 팔아버릴까요?"
공자가 대답했다. "팝니다! 팔아요! 하지만 나는 좋은 가격이 될 때를 기다
리련다."

⟨ 날은 저물고 갈 길은 멀다 ⟩

지음은 적어지고 뜻은 이루지 못하니
交遊零落

공자는 주나라의 예법을 사모하여 "주나라는 하왕조와 상왕조
의 예의와 제도를 본받아 융성하고 아름다운 자신만의 제도를
건설해 냈다. 나는 주나라를 따라 후대를 변화시키겠다. 周監於
二代, 鬱鬱乎文哉! 吾從周"라고 공언했었다. 예가 무너지고 악이
타락한 현실을 바라보며 그는 자나 깨나, 앉으나 서나, 주공의 도
를 지키고 회복할 일만을 염원했으며 이를 위해 자신의 모든 열
정을 불살랐다. 공자 자신도 주공의 꿈을 자주 꾼다고 말했고,
세상 사람들도 그와 비슷한 전설을 남겼는데, 예를 들어 《여씨
춘추》 전지專志편에서는 그가 '밤이나 낮이나 경전을 외우며 밤에
는 직접 문왕과 주공 단旦을 만나 질문을 했다'라고 적고 있다. 또
"이렇게 온 힘을 다해 뜻을 이루고자 하니 무슨 일이든 이루지
않을 수 있을까? 어떻게 성공하지 않을 수 있을까? 옛말에 '정통

하고 숙련되면 귀신도 비밀을 알려준다'라는 말이 있는데, 귀신이 알려줘서가 아니라 정통하고 숙련되었기 때문에 성공하는 것이다."라는 부연설명을 달고 있다. 《주자어류朱子語類》에는 스승과 제자가 토론한 비망록이 적혀있다.

> 학생이 물었다. "선생님께서 주공을 꿈에서 뵈었다던데, 정말 꿈을 꾸셨습니까?"
> 스승이 답했다. "당초 주공의 도를 따르려 생각할 때에 꿈을 꾼 것이 분명하다."
> 학생이 물었다. "마음이 움직인 심리현상이 아닐까요?"
> 스승이 답했다. "마음이란 본래 스스로 움직이는 것이니 내 맘대로 움직이지 말라 할 수는 없지 않느냐? 밤에 꾸는 꿈은 잠이 깬 후의 생각과 같은 것이다. 생각 역시 마음이 움직인 궤적이지만, 사악한 생각을 해서는 안 된다. 올바른 것을 꿈꾸었다면 나쁠 것이 무엇이냐? 마음에 어떤 일을 깊이 생각하다 보면 꿈에서도 그 일이 나타나게 마련이다. 그러나 보통 사람들은 아무 의미 없는 꿈을 꾸기도 한다.

마음에 도를 간직하고 있는 자는 늙어서도 태만해지지 않지만, 도를 행하는 몸은 나이가 들면 쇠약해지게 마련이다. 주희는 이렇게 설명한다.

공자는 전성기에 주공의 도를 행하려는 뜻을 가지고 있었고, 그래서 자나 깨나 이 꿈이 눈에 보이는 듯 선했다. 그가 늙어 더 이상 열국에 주유할 수 없게 되자 이런 마음이 사라지고, 또한 꿈에서도 볼 수 없게 되었다. 그러므로 공자는 자신이 늙었음을 한탄하고 있다.

이 말은 조금 잘못된 감이 있다. 공자에게서 꿈을 이루려는 마음이 사라진 것이 아니라 건강이 나빠지면서 마음은 있어도 몸이 따라주지 않게 되었을 뿐이다. '주공을 뵈었다'는 공자의 이 한탄은 이후로부터 '꿈을 꾸다' 내지는 '잠을 자다'라는 말의 다른 표현이 되었다.

남송의 대시인 신기질辛棄疾은 온 힘을 다해 금나라에 항거했지만 항거에 실패하면서 오히려 두 차례나 탄핵을 당했고, 어쩔 수 없이 수년간 관직을 그만두고 은거해야 했다. 젊은 시절 뛰어났던 재능도 노쇠한 몸과 함께 사라지고 웅대한 뜻은 보답 받을 길이 없게 되었다. 《하신랑賀新郎》에서 그는 이에 관한 가슴 아픈 노래를 부른다.

내가 너무 많이 늙었구나.
서글픈 평생이여,
지음知音은 점점 적어지고 뜻은 이루지 못하니,
이제 겨우 몇 명만 남았구나!

하릴없이 자라난 백발만 삼천 장,

인간 만사는 한바탕 웃음으로 잊어버리자.

세상 어떤 것이

내게 기쁨을 줄 수 있을까?

아름다운 푸른 산을 바라보며

산의 마음을 헤아려본다.

나를 보는 산도 그러하겠지.

그 마음과 그 모습,

우리는 둘 다 닮았다.

(甚矣吾衰矣, 恨平生, 交游零落, 只今餘幾! 白髮空垂三千丈, 一笑人間萬事, 問

何物, 能令公喜? 我見靑山多嫵媚, 料靑山, 見我應如是, 情與貌, 略相似.)

　　이 신기질의 사詞는 그냥 읽기에는 첫 구절이 너무나 평범하게
느껴진다. 보통 현대인도 오랜만에 친구를 만났을 때 '내가 너무
많이 늙었구나'라는 말을 스스럼없이 하기 때문이다. 그러나《논
어》를 읽고 그 출처를 알게 되면, 그때야 비로소 정치적인 이상
이 완전히 깨어지고 인생은 이미 끝을 향해 치달아가는 공자의
무력감과 절망을 이해할 수 있게 된다. 또 신기질 사의 행간에 숨
겨진 뼈아픈 슬픔과 한탄의 뜻도 충분히 깨달을 수 있게 된다.

子曰: 甚矣吾衰也! 久矣吾不復夢見周公. (術而 第七)

【해석】

공자 가라사대 "내가 너무 많이 늙었구나! 아주 오랫동안 주공을 뵙는 꿈
을 꾸지 못했다."

7부

소인배의 척도

명쾌한 논어,
21세기에 답하다

❰ 군자와 소인 ❱

이익을 얻으면 이것이 의로운지 생각하라.
見得思義

철학자 라오쓰광勞思光은 "《논어》에서 '의'란 모두 '정당함' 혹은 '도리'를 가리킨다. 문맥의 영향을 받을 때는 가끔 약간씩의 의미 변화를 일으키기도 했지만, 기본적으로는 이 뜻을 유지한다."라고 했다. 또 다른 철학자 천다치陳大齊는 이렇게 이야기했다.

공자는 이 구절을 통해 '군자는 의의 장점을 알기 때문에 의를 사랑하며, 행동을 할 때 의를 행동의 기준으로 삼는다. 반면 소인은 이익의 장점밖에 모르기 때문에 이익을 사랑하며 행동을 할 때 이익을 행동의 기준으로 삼는다'라는 말을 하고 싶었을 뿐이다. 이 뜻에서 너무 과도한 해석을 시도하여 의와 이익을 양 극단에 놓고 서로 수용이 불가능한 물과 기름처럼 간주한다든지, 의로운 사람은 절대로 이익을 추구하지 않고, 이익을 추구하는 사람은 절대로 의를 추구하지 않는다는 식의 극단적인 이분법에 치우쳐서는 안 된다. 또한 '의를 깨달음'과 '이익을 깨달음'을 군자와 소인을 가르는 유일한 분류법으로 생각하여 군자는 의만을 깨달아야 하고 이익은 깨달아서는 안 되며, 이익에 대해 관심 가지고 깨닫기만 하면 바로 소인이 된다고 생각해서도 안 된다. 너무 과도한 해석은 공자 사상의 참뜻을 왜곡해 버린다. 공자는 '의와 이익은 서로 양립한다'라고 주장한 적도 없을뿐더러, '군자는 이익을 보면 뒤도 안 돌아보고 왔던 길을 다시 가는 것 외엔 절대 다른 생각을 하지 않는다'라고 말한 적도 없다.

《논어》에서 우리는 "이익이 되는 재물을 보면 도의를 생각한다. 見利思義" "이익을 얻을 기회가 있으면 이것이 의에 들어맞는지 생각해야 한다. 見得思義"라고 한 공자의 말은 찾아볼 수 있다. 이런 말들은 모두 의를 잊지 말라는 뜻이지 이익을 전부 포기하라는 뜻은 아니다. 의를 잊게 될 때에는 반드시 소인으로 전락하게 되지만, 이익을 취한다고 해서 반드시 군자가 아니라고 할 수는 없다.

천다치는 "불의의 수단으로 얻은 부귀는 나에게는 뜬구름과 같을 뿐이다. 不義而富且貴, 於我如浮雲"라는 공자의 말을 인용해 "부유함과 존귀함은 사사로운 이익이며, 공자가 뜬구름처럼 여기며 추구하지 않은 대상은 불의한 부유함과 존귀함뿐이었다. 의에 부합하는 부유함과 존귀함은 공자가 버리려 했던 대상이 아니다."라는 논리를 증명했다. 또한 "나라에 도가 있는데도 자신은 가난하고 비천하다면 이것은 수치다."라는 말을 통해 "의에 부합하는 부유함과 존귀는 버릴 필요가 없을 뿐 아니라 반드시 추구하고 획득해야만 하는 것"이란 공자의 관점을 증명했다. 이는 모두 《논어》 전권을 깊이 이해하고 나서 공자의 사상에 대해 내린 세밀하고 정확한 분석이다.

군자는 이해관계와 완전히 무관한 것이 아니고, 소인 역시 군자의 영향력 아래 있을 때 의를 전혀 깨닫지 못하는 무지함을 벗게 된다. 《세설신어世說新語》 덕행德行에는 이런 기록이 있다.

순거백荀巨伯은 먼 곳에서부터 병든 친구를 병문안 왔는데, 마침 이 때 이 성이 오랑캐에게 포위되고 말았다. 친구는 순거백에게 말했다. "나는 이제 죽을 몸이니 자네는 얼른 이곳을 떠나도록 하게." 그러자 순거백이 대답했다. "내가 멀리서 자네를 찾아보러 왔는데, 자네는 날더러 떠나라고 하는가? 이야말로 '의'를 더럽히면서 구차한 생명을 구하는 행동 아닌가? 어떻게 나 순거백이 이런 일을 한 단 말인가!" 적병은 이미 성안을 점거해 순거백을 체포하고는 말했다. "대군이 이미 성을 함락시키고 성 안 사람들은 모두 도망쳐 한 사람도 남지 않았는데, 너는 과연 어떤 사람이기에 아직까지 혼자 남아 있단 말이냐?" 순거백이 대답했다. "친구가 중병에 걸렸기 때문에 친구만 홀로 남겨두고 떠날 수 없었습니다. 차라리 제 몸으로 친구의 목숨을 대신하고 싶습니다." 그의 말을 들은 적병들은 서로 두런두런 이야기를 주고받더니 이렇게 말했다. "의를 아는 나라에 의를 모르는 우리 같은 야만인들이 침입해왔구나!" 그들은 곧 군대를 철수해 돌아갔으며 성의 모든 사람과 재산은 조금도 손실되지 않았다.

공자는 '위기의 때에 자신의 생명을 희생하는 의기 見危授命'를 숭상했으며, 또한 "말은 충성스럽고 진실하며, 행동은 성실하고 신중해야 한다. 이런 말과 행동은 비록 아직 문명화되지 않은 미개국가에서라도 통한다. 言忠信, 行篤敬, 雖蠻貊之邦, 行矣"라고 말했다. 한나라 순거백의 이야기는 바로 군자 한 사람이 '위기의 때에 자신의 생명을 버리는' 고상한 의기를 통해 양민을 학살하고 재산을 노략질해가려 했던 미개민족 소인들을 감화시킨 예라 할 수 있다.

【 원문 】

子曰: 君子喻於義, 小人喻於利. (里仁 第四)

【 해석 】

공자 가라사대 "군자는 의가 무엇인지 깨닫고, 소인은 이익이 무엇인지 깨닫는다."

❈ 기회주의 ❈

만 가지 악 중 게으름이 으뜸이다.

萬惡懶爲首

이 구절에 대해서 고대의 주석가들은 일찍이 "공자가 사람들에게 주사위를 던지며 놀이나 하고 소일거리로 장기를 두라고 격려를 한 것이 아니라 사람은 '온종일 배불리 먹고 아무런 생각도 하지 않는' 삶을 살아서는 안 된다고 강조한 것이다."라며 공자의 진의를 알려주었다. 러시아의 대문호 막심 고리키A. Maksimovich Peshkov는 기회주의에 대한 정의를 내리며, '아주 적은 일, 아주 적은 생각, 아주 많은 식사'라고 표현했다. 만일 문어체로 의역한다면 공자의 말을 빼다 박은 꼴이 된다. 량치차오는 투철한 직업의식에 대해서 이야기하며 공자의 예를 들었다.

공자 가라사대 "온종일 배불리 먹고 아무런 생각도 하지 않는 일
은 큰일이다!" 그리고 "온종일 함께 모여 의의 기준에 미치지 못하

는 말만 일삼는 것은 모두 잔꾀를 자랑하는 일이니 이런 사람은 가르치기가 어렵다." 공자는 한 사람의 교육자로서 누구는 가르칠 수 없는 사람이라고 정해놓지는 않았지만, 위의 두 종류의 사람들에 대해서만은 고개를 저으며 "어렵다! 어려워!!"라고 탄식했다. 인생의 모든 악습은 고칠 방법이 있지만 제대로 된 일은 하지 않고 노는 데만 정신이 팔린 사람들만은 그 위대한 성인이라도 골머리를 앓을 정도로 구제하기가 어려웠음을 알 수 있다.

당나라 시대의 고승 백장선사百丈禪師는 항상 한 마디의 격언으로 제자를 가르쳤다고 한다. 그 한 마디는 "온종일 아무 일도 하지 않았으면 온종일 먹지도 말라."는 것이었다. 그는 날마다 법당에서 설법하는 외에도 스스로 사찰 마당을 쓸고 탁자를 닦으며 자기 옷을 빠는 부지런한 삶을 80세까지 계속했다. 한번은 선사의 제자들이 선사 대신 일을 해 드리려고 그날 해야 할 일을 몰래 다 해놓자 항상 자신의 삶으로 모범을 보이던 이 노선사는 너무나 고지식하게 그날 식사를 절대 입에 대려 하지 않았다고 한다.

내가 유가와 불가의 이 두 구절을 인용하는 까닭은, 사람들은 모두 정당한 직업이 있어야 하며 사람들은 모두 계속 자신의 일을 해야 한다는 사실을 증명하고 싶기 때문이다. 만일 어떤 이가 내게 "수많은 행동 중에 무엇이 가장 우선이고, 만 가지 악 중에 무엇이 으뜸이냐?"라고 묻는다면, 나는 조금도 주저하지 않고 대답할 것이다. "백 가지 행동 중에 정당한 직업이 가장 우선이고, 만 가지 악 중에 게으름이 가장 으뜸이다."

이는 당연히 예전부터 내려오는 케케묵은 이야기 중의 하나일 것이다. 그러나 그 케케묵은 이야기가 지금까지 내려올 수 있었다는 것은 이야기가 전하는 뜻이 일반적인 이치에 들어맞았다는 방증이다. 이 이야기를 들은 후 다만 우리는 모두 첸중슈 선생이 어느 영국학자의 문집을 다 읽었을 때와 같은 그런 느낌이 들지 않길 바랄 뿐이다.

그가 한 말은 어쩌면 반드시 해야 했을 말이었는지 모른다. 그러나 나는 그 말이 괜히 한 말은 아닐까봐 은근히 걱정이 된다.

【 원문 】

子曰: 飽食終日, 無所用心, 難矣哉! 不有博弈者乎? 爲之猶
　　　賢乎己! (陽貨 第十七)

【 해석 】

공자 가라사대 "온종일 배불리 먹고 아무런 생각도 하지 않는 일은 큰일이다! 주사위를 던지고 바둑을 두는 사람도 있지 않느냐? 아무것도 안 하느니 차라리 노는 게 낫다."

⊀ 도덕을 해치는 도적 ≽

세상에 유행하는 습관을 따라 더러운 세상과 하나가 된다.

同乎流俗, 合乎汚世

맹자는 향원鄕愿에 대해 권위 있는 해석을 내렸다. "향원이란 '자기 뜻을 저버리고 남에게 영합하며 세상에 아부하는 사람들'이다. 그들에게 원칙이란 없으며 인간의 선한 성품도 전혀 없고 세상에 유행하는 습관을 따라 더러운 세상과 하나가 된다. 또한 자기 잘난 척하며 모두 자기 잘난 맛을 즐기는 사람들로 세상에서는 아주 잘 나가지만 요순堯舜의 길로는 절대 들어서지 않는다." 그런데 불행하게도 중국 사회는 오래전부터 이 향원에 지배되어 온 것 같다. 미학자 쭝바이화宗白華는 이렇게 말한다.

공자는 도덕의 정신이 진정성과 진정한 인격, 진정한 성품, 즉 소위 말하는 갓난아기와 같은 마음에 기초한 것임을 알고 있었다. 이를 확장하면 바로 '어짊'이 된다. 모든 예법이란 이것을 담고 있는 겉모양에 불과하다. 본질을 버리고 형식을 좇는 것, 도덕과 예법의 진정한 정신과 의의를 상실하고 허울 좋은 명의를 빌려 사사로운 욕심을 구하는 사람들, 이들이 바로 향원이며, '소인배 유학자'들이다. 이는 공자가 심히 혐오하고 안타까워하던 현상이었다. 공자는 "향원은 도덕을 해치는 도적이다."라고 비난했으며, "군자의 덕을 가진 고상한 유학자가 되어야지 유학을 직업으로 삼는 소인배가 되어서는 안 된다. 汝爲君子儒, 無爲小人儒"라고 했다. 또 예법의 진정한 정신과 의의를 잃어버려서는 안 된다고 항상 사람들에게 경고했다. ……그러나 한대漢代 이후, 공자가 그렇게 혐오하고 고통스러워하던 '향원'들은 중국사회의 지배계층이요, 사회의 '동량'으로 둔갑했다. 그들은 공자의 위대하며 강직하고 빼어난 중용의 덕을 통속주의, 타협주의, 절충주의, 안일주의로 바꾸어 사회를 완전히 부패시켜버렸다. 공자는 이 점을 예감이라도 한 듯, 강한 진취정신으로 자신의 본분을 지키는 '광견狂狷'을 크게 칭찬하고 향원을 배척했다.

중국 사회에 향원이 활개치고 있다고 생각하는 또 다른 사람인 현대학자 메이광디梅光迪는 향원을 오늘날의 기회주의자 및 성공지상주의자와 동일시하고 있다. 그는 디킨슨G. L. Dickinson의 말을 인용하며, 이 세상에는 한 부류의 인간군이 있는데 "그들은 세상과 함께 하며 이 세상의 조류에 따라 행동하고 성공을 유일한 원칙으로 삼는다. 무력을 숭상하는 시대에 태어났다면 군인

이 되었을 것이고, 종교를 숭상하는 시대에 태어났다면 승려가, 배금주의가 성행하는 현대 미국에서 태어났다면 은행가나 대기업가가 되었을 것이다." 그는 이런 부류의 사람들이 바로 향원이며, "중국은 수 천 년 이래로 이런 기회주의자들이 활개를 치는 광활한 무대가 되어버렸다."라고 탄식한다.

지금도 마찬가지다. 상황이 더 나빠지지 않았다면 말이다.

【 원 문 】

子曰: 鄕愿, 德之賊也. (陽貨 第十七)

【 해 석 】

공자 가라사대 "향원은 도덕을 해치는 해충이다."

하류에 속하지 말라

성공하면 왕이 되고 실패하면 역적이 된다.

成則爲王, 敗則爲寇

주왕紂王은 상商 왕조의 마지막 군주로서 재력이 상당했고 수많은 공적도 세웠다. 하지만 잘난 척하기 좋아하며 독단적으로 일을 처리하고, 주색을 밝히고 무리한 세금을 거두었다. 백성에게는 무리한 부역을 시키고 충신과 선량한 인재는 잔혹하게 처형하므로 결국 백성의 공분을 사 모든 이에게 버림을 받게 되었다. 주나라 무왕이 상나라를 토벌할 때 상나라 군대는 오히려 적군에게 투항했기 때문에 주왕은 전쟁에서 패배했으며 결국 분신자살로 생을 마감하고 말았다. 이렇게 어느 왕조에서나 마지막 군주는 역사적으로 아름다운 이름을 남기기 어렵다. 오히려 계속 추가되는 추문과 전설 속에서 폭군 내지는 악인의 전형으로 폄하되고 자신이 저지르지 않은 죄까지 뒤집어쓰는 일이 흔하다. 자공은 이 점을 꿰뚫어보았다. 그는 주관적으로는 개인의 도덕수

양에 대한 원칙을 제기했으며 객관적으로는 역사의 사실성에 대한 비판을 제기하여 현대까지도 많은 학자들의 동감을 얻고 있다. 고대 역사를 바르게 분석하자는 주장으로 유명한 구제강顧頡剛은 이런 사실을 지적한다.

춘추전국시대 사람들은 가장 좋은 선인과 가장 나쁜 악인이 누구인가를 토론하는 것을 좋아했다. 그들이 뽑은 가장 좋은 선인은 요堯, 순舜, 탕湯, 우禹였고, 가장 나쁜 악인은 걸桀, 주紂, 도척盜跖이었다. 그래서 전국시대에는 '요를 칭찬하고 걸을 비난한다(이글은 본래 '요순을 칭찬하고 걸주를 비난한다'였는데 좀 더 간단하게 말하려다 보니 요와 걸만 언급하게 되었다. 실제로는 순을 칭찬하고 주를 헐뜯는 일이 더 많았다)'라는 말까지 있었다. 매일 타인들에게 칭찬을 받는 사람이라면 33층 하늘에서도 가장 꼭대기로 날아오르게 되고, 날마다 비난을 받는 사람이라면 18층 지옥에서도 가장 밑바닥에 처박히게 되는 게 현실이다. 이런 과도한 명예훼손이 황당무계할 정도로 발전하게 되면, 아무리 역사적인 개념이 없는 시대의 사람들일지라도 점차 의심을 하게 된다. 그래서 한비자 등의 사람들이 요순의 업적에 대해 의심의 눈초리를 보냈으며, 자공과 순자 역시 걸주의 만행에 관해 허점을 찾아낸 것이다.

순자는 말했다. "옛사람 걸왕과 주왕은 자신도 죽고 나라도 망했으며 천하 사람들의 모욕을 당했다. 후세 사람들은 그들의 험담을 하며 반드시 평가하려 했다." '후세 사람들은 험담하며 반드시 평가하려 했다'라는 부분에서, 걸주가 어느덧 세상의 온갖 악행들에 대해 책임을 걸머지고 수많은 악인의 대표가 되었음을 알 수 있다. 그러나 적어도 주는 자신의 허물을 가리고자 허위역사를 기록하지는 않았다. 자공은 더 솔직한 이야기를 터놓는다. 그는 "주왕의 악행은 그렇게 심하지 않았을 수도 있다. 군자는 하류에 속해서는 안 된다. 한번 하류에 속하면 천하의 온갖 나쁜 명성을 다 뒤집어쓰기 때문이다."

주왕의 나쁜 명성은 모두 그가 서 있는 열악한 상황과 지위 때문이라는 뜻인데, 이 말은 굉장히 일리 있는 주장이다. 보통 사람들은 일반적으로 개인 자체를 보기보다는 그의 지위를 보기 때문이다. 지금 유행하는 말로 '우상'이라는 개념이 바로 이런 심리를 반영한 것이다. "성공하면 왕이 되고 실패하면 역적이 된다."라는 격언이 있다. 이 법칙을 벗어날 수 있는 사람이 과연 몇 명이나 될까? 불행하게도 나라가 멸망한 탓에, 날마다 주나라 사람들에게 이미지가 훼손되고 결국 모든 죄를 뒤집어써서 악인의 대표가 된 주왕의 신세가 전혀 동정이 가지 않는 것은 아니다.

《후흑학厚黑學》(난세에 승리하려면 얼굴이 두껍고 마음이 검어야 한다고 주장한 학문)으로 유명한 리쭝우李宗吾 역시 아예 자공의 말을 보충설명하기로 작정한 듯하다. 그는 "요, 순, 우, 탕, 문, 무, 주공의 선행은 그렇게 훌륭하지 않았을 수도 있다. 군자는 상류에 속하기를 원한다. 한번 상류에 속하면 천하의 모든 아름다운 명성이 쏟아지기 때문이다."라며 한 걸음 더 나아간 논술을 펼친다.

"만일 하류라는 두 글자를 실패로 고치고, 상류라는 두 글자를 성공으로 고친다면 뜻을 더욱 정확하게 깨칠 수 있다." 우리는 일부 비열한 모리배처럼 다른 사람의 학설을 뒤집는 특이한 글을 써서 대중에 영합하고 그들의 지지와 칭찬을 얻어낼 필요는 없다. 하지만 긴 역사와 다양한 현실 속에서 이런 각도에 초점을 맞추고 깊은 사색과 연구를 해 볼 필요성은 충분하다.

【 원문 】

子貢曰: 紂之不善, 不如是之甚也. 是以君子惡居下流, 天下之惡皆歸焉. (子張 第十九)

【 해 석 】

자공은 말했다. "은나라 주왕의 악행은 그렇게 심하지 않았을 수도 있다. 군자는 하류에 속해서는 안 된다. 한번 하류에 속하면 천하의 온갖 나쁜 명성을 다 뒤집어쓰기 때문이다."

논어의 영향력

중국문화의 가장 큰 줄기는 유교문화이고, 유교문화의 핵심은 13경이며, 《논어》는 그 13경 중 유학파의 창립자인 공자의 언행을 주요내용으로 기록한 유일한 전적이다. 《한서·예문지漢書·藝文志》는 논어에 대해 이렇게 기록했다.

공자의 제자들은 공자가 사람들의 질문에 대답한 것과 공자에 대해 전해들은 이야기를 기록으로 남겼다. 이 책이 바로 《논어》이다. 당시 제자들은 각기 기록을 남겼는데, 공자가 죽은 후 문하의 제자들이 함께 편집하는 과정에서 이를 논의하고 편찬했기에, 책이름을 《논어》라 불렀다.

남송시대의 유학자 주희는 《논어》와 함께 《맹자》, 《대학》, 《중용》을 선정해 《사서장구 집주四書章句集注》를 펴냈는데, 이는 원, 명, 청 3대에 걸쳐 과거시험에서 빠지지 않는 필수과목으로 추앙

되었다. 량치차오梁啟超는《중요 경전 풀이 및 그 읽는 법要籍解題及 其讀法》에서 이렇게 말했다. "지난 6, 7백 년 동안, 코흘리개 아이들이 두메산골 서당에서 주로 배운 책이 사서四書였다. 이 책들은 점차 일반상식의 기초가 되었으며 국민정서의 중요한 핵심이 되었다." 미국인 한학자 에브레이Patricia Buckley Ebrey는《케임브리지 도해 중국사》에서 다음과 같이 소개하고 있다.

《논어》는 중국의 사회, 정치 및 윤리 주요사상의 기초다. 이는 후대의 경전이 되었으며 학생들은 반드시 《논어》를 외워야만 했다. 이 때문에《논어》의 수많은 부분은 격언이 되었으며 중국에서는 심지어 일자무식인 농민들까지도 자신도 모르게 《논어》를 인용할 정도가 되었다.

논어의 내용

《논어》는 공자와 제자들의 대화를 기록한 책으로 사서 중 하나다. 저자는 명확하지 않으나, 공자의 제자들과 문인들이 공동 편찬한 것으로 추정된다. 저자 한 사람이 서술한 것이 아니라 일관성이 없고, 공자의 언행을 정리해 놓은 것이기 때문에 다른 경전과는 달리 격언을 모아 놓은 듯한 느낌을 준다. 공자가 제자 또는 다른 사람들의 질문에 대답하고 토론한 것을 '논論', 제자들에게 주는 가르침을 '어語'라고 부른다.

논어는 20편, 600여 문장, 1만 5천 자로 되어 있다. 편마다 장으로 나뉘어 있고 대부분 어록을 기록하고 있다. 서술방식과 호칭의 차이를 기준으로 앞의 10편을 상론上論, 뒤의 10편을 하론下論으로 구분하는데, 상론이 좀 더 이전 시대에 서술된 것으로 추측된다.

상론上論

제1편 학이學而 　　　　제2편 위정爲政

제3편 팔일八佾 　　　　제4편 이인里仁

제5편 공야장公冶長 　　제6편 옹야雍也

제7편 술이述而 　　　　제8편 태백泰佰

제9편 자한子罕 　　　　제10편 향당鄕黨

하론下論

제11편 선진先進 　　　제12편 안연顏淵

제13편 자로子路 　　　제14편 헌문憲問

제15편 위령공衛靈公 　제16편 계씨季氏

제17편 양화陽貨 　　　제18편 미자微子

제19편 자장子張 　　　제20편 요왈堯曰

논어의 의미

공자는 법률이나 제도보다 사람을 중시했다. 그는 사람을 통해 그가 꿈꾸는 도덕적인 이상 사회를 이루려고 했다. 그래서 '인仁'

을 실천하는 지도자로 군자君子를 내세웠다. '군자'라는 용어는 원래 군주의 자제라는 높은 신분을 뜻하는 말이었으나, 공자에 의해 훌륭한 인격자라는 의미로 개념화되었다. 군자는 도道를 추구하고, 도에 입각하고, 도가 통하는 세상을 추구하는 존재다. 덕德과 의義가 사회의 중심 가치가 되는 '이상적인 사회'를 성공시키지는 못했지만, 공자는 힘겨운 삶의 역정 속에서도 도덕 사회의 구현이라는 원대한 포부를 끝까지 버리지 않았는데, 그의 포부를 잘 나타낸 책이 ≪논어≫다.

푸지에傳杰